U0022052

★真誠的笑容，印象加分的關鍵！

★主動打招呼，留下好印象！

讓上司挺你、朋友懂你，
跟誰都能聊不停的

回話技術

說話方式研究所會長
福田健

鍾嘉惠 譯

前言

溝通，是生存的基本能力

日本經濟團體連合會（經團連），每年都會發表「企業新鮮人錄用選材重點」的排行榜。其中，排名第一的「溝通能力」（二〇一二年七月發表），已經連續九年蟬聯第一名。

正如前文所言，「溝通能力」是我們日常生活中與職場上必須具備的重要能力。你對溝通有自信嗎？你擅長與人輕鬆閒聊，很快就和對方變成好朋友嗎？

現今社會上，無論在學校、職場或其他團體中，我們常需與人合作、共同推動事物。換言之，只要活在世上，就無法避免「溝通」。

因為工作的關係，我曾與來自各行各業的人們對談過，無論任何時代，人際關係的煩惱從來不曾消失。

這兩種人，最難溝通

1 擺臭臉不說話

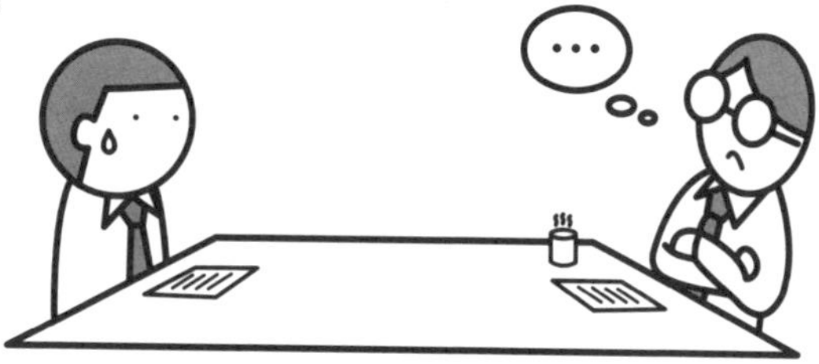

2 凡事都想主導

溝通時，最讓對方不知所措的就是「擺臭臉不說話」，以及「凡事都想主導」的人。乍看之下，這是兩種極端的類型，但其本質是相同的。溝通時，必定會有「溝通對象」，對於自己的行為會帶給對方何種影響毫無知覺，是很大的隱憂。

企業徵才，最重視「溝通能力」

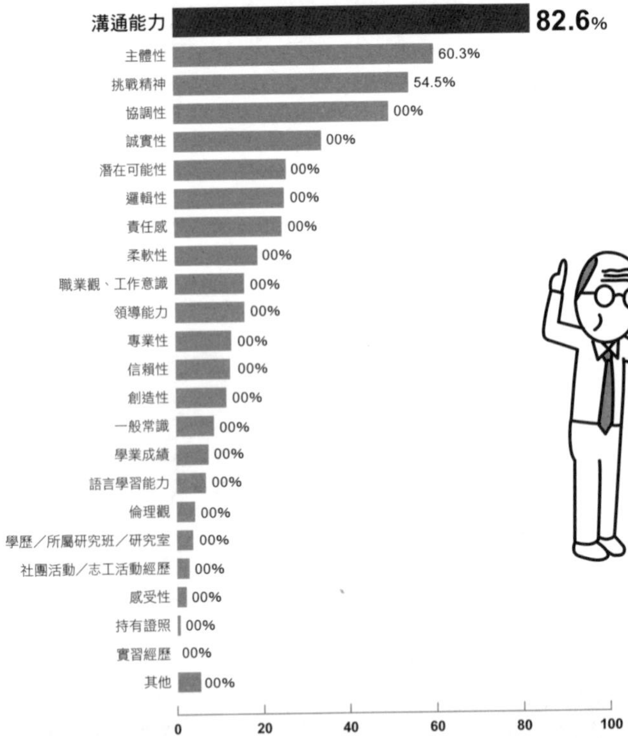

溝通能力 82.6%
主體性 60.3%
挑戰精神 54.5%
協調性 00%
誠實性 00%
潛在可能性 00%
邏輯性 00%
責任感 00%
柔軟性 00%
職業觀、工作意識 00%
領導能力 00%
專業性 00%
信賴性 00%
創造性 00%
一般常識 00%
學業成績 00%
語言學習能力 00%
倫理觀 00%
學歷／所屬研究班／研究室 00%
社團活動／志工活動經歷 00%
感受性 00%
持有證照 00%
實習經歷 00%
其他 00%
0
20
40
60
80
100

溝通很重要

溝通，雙方都要有回應

嘰哩
呱啦

一般人以為「傾聽」就是閉嘴不說話，但光是「聽」並無法達到雙向溝通。遇到差勁的傾聽者時，溝通會出現以下的模式：

❶說話的人唱獨角戲。
❷說話的人難以為繼。
❸交談熱絡不起來。

因此，傾聽者需要做出一些反應回饋給說話的人。

對於人際關係和與人交往感到害怕，想在職場與主管和同事建立更好的關係、想與朋友或情人感情更加融洽，但是現實中始終不順利，這樣的人其實不在少數。

溝通不能只靠「默契」

這是因為過去東方人不曾有機會好好學習溝通，人們常說「心有靈犀」，許多人在學生時代便長期依賴「自己人」之間的「非正式溝通」，即使說話的人說得不完整，對方也能憑感覺猜到意思，不會覺得困擾。

然而，這在學生時代或許沒問題，一旦進入社會工作便行不通。更何況，在全球化時代，與優秀的外國人在同一職場工作的機會也比以前更多。**長期都和「自己人」溝通的東方人，必須重新學習新時代的溝通方式，提升「聽」及「說」的能力。**

成為「溝通高手」的四階段

「聽」與「說」密不可分

不擅長「說話」的人，多半也不擅長「傾聽」。因此，先徹底鍛鍊傾聽能力，才能奠定成為「說話高手」的根基。若以「傳接球」來比喻溝通，「聽」與「說」兩者兼顧、不偏重一方的狀態才是最理想的溝通。也就是說，「說話高手」同時也應為「傾聽高手」。

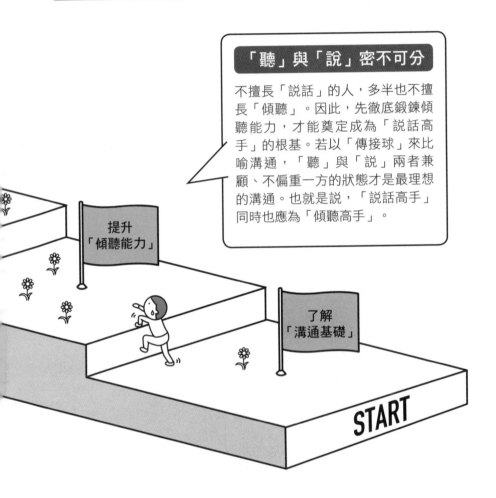

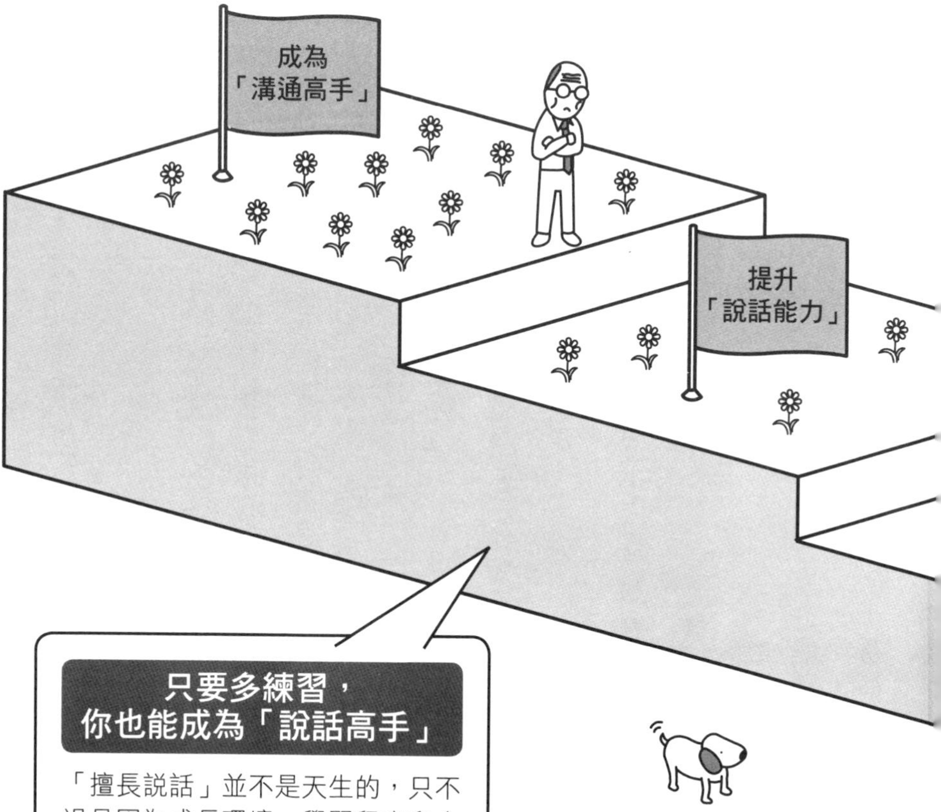

只要多練習，你也能成為「說話高手」

「擅長説話」並不是天生的，只不過是因為成長環境、學習程度和企圖心的不同，造成了擅長與否的差異。因此，只要累積經驗、肯學習，任何人都能成為説話高手。

學會「傾聽」，才能掌握如何回話

就算自覺「不擅長溝通」也不能放棄，否則將一無所獲。沒有人是天生的溝通高手。憑藉意志力和努力，任何人都能增進「溝通能力」。

本書針對害怕溝通及渴望建立更良好人際關係的讀者，介紹提升溝通能力兩大支柱的「傾聽」、「說話」技巧。

談到溝通，一般人腦中最先浮現的總是「能言善道」。

然而，溝通是「聽」與「說」雙向的語言交換。光顧著自己說，而忽略對方的發言，「聽、說」便熱絡不起來。

實際上，溝通不順暢的案例中，問題多半出在聽眾身上，例如：

❶ 自己的意思沒有明確傳達給對方。

❷ 與同事談話時，不明白對方的意思。

❸ 已經惹惱客人，還搞不清楚原因何在。

以上情況多是因為自己單方面一直說，未能好好傾聽對方說話所致。因此，若想進行良好的溝通，建議先從提升「傾聽能力」開始做起。

只顧自己或被動的態度，無法傾聽他人說話。有此自覺，努力改進自我，才能提升「傾聽」和「說話」的能力——但願本書能幫助更多需要的人。

福田健

目錄 Contents

Part 1

別只聽他說，適時「搭腔附和」很重要！

正確回應的10個說話技巧

Part 2

言多必失，抓準「接話時機」再回答！

留下好印象的8個說話技巧

Part 3

眼神、表情、態度，決定溝通成敗！

回話前要注意的7個重點

Part 4

談判、拒絕、責罵、請託，這樣回話最有效！

拿回主導權的15個說話技巧

Part 1

正確回應的10個說話技巧

別只聽他說，
適時「搭腔附和」很重要！

不只聽，更要「聽進去」

01

有位男士長期加班，每天回家時都很疲憊。即使回到家，腦中依然惦記著工作；每天都很晚才吃晚餐，儘管吃飯時會「是喔！」、「這樣啊！」、「嗯～」地搭腔附和太太說的話，但是根本心不在焉。有一天晚上，太太對他說：「我和你根本沒辦法交談，再這樣下去，我無法再跟你一起生活。」說完便突然哭起來。

學會「傾聽」，跟誰都能聊不停

就算假裝傾聽，對方也會立刻發現而受到傷害，絕不能只做表面工夫；學會真正的傾聽，能帶給你以下好處：

❶ 變得「通情達理」

當對方把重要的事情告訴你，你卻沒有做出任何理解的回應時，對方就會認為你缺乏「傾聽能力」；因此，學會「傾聽」，就能明白談話的價值和重要性。

❷ 變得「更幽默」

以對方說的話為中心進行交談，令人愉快的溝通能讓對方樂在其中。

❸ 成功創造「暢銷商品」

客人有何需求、想要什麼樣的商品、對什麼感到困擾、有何不便之處……，傾聽需求能創造出暢銷商品。

❹ 善於「說服別人」

善於說服的人會藉由「傾聽」，了解對方的需求和狀況；並根據情報擬定說服策略。由於目標的範圍縮小，自然清楚要如何引導談話的方向。

❺ 變得「很健談」

因為「觸角全開」，所以能夠接收到各種資訊。當說話者面對積極傾聽的人時，也會想要把自己所知道的事都說出來。

❻ 說話時「條理分明」

不擅長說話的原因，便在於不懂得傾聽，只要提升「傾聽能力」，便能成為「說話高手」。

Keyword

「聽」的態度很重要，說話者能看穿「聽者是否有心」。

◆五件事，幫助提升「傾聽力」

好的傾聽者，都這樣做

1 做好「健康管理」

疲勞、睡眠不足、宿醉等狀態下，無法認真聽對方說話。

2 不要「心不在焉」

傾聽時，要認真且專心，勿走神。

3 傾聽時要「放輕鬆」

放鬆身心，「傾聽」便不是苦差事。

4 無法傾聽時請「直說」

無法專心聆聽時，請誠實告訴對方，不要勉強自己。

5 選擇適合談話的「場所」

人多且吵雜的地點，不適合傾聽。

◆學會「傾聽」，變身說話高手！

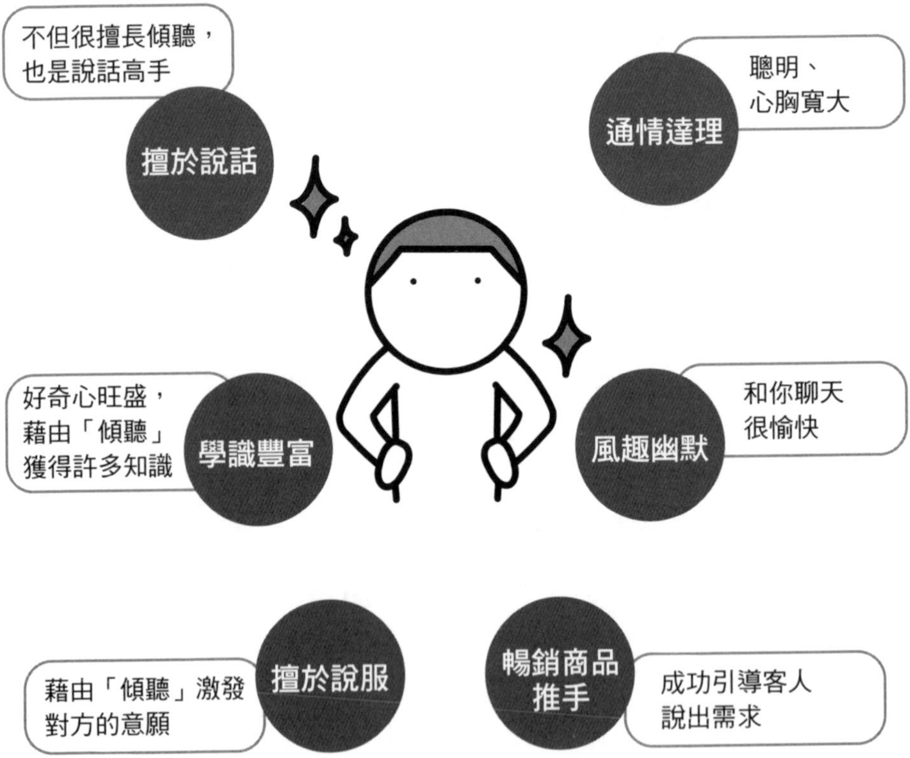
不但很擅長傾聽，
也是說話高手
擅於說話
聰明、
心胸寬大
通情達理
好奇心旺盛，
藉由「傾聽」
獲得許多知識
學識豐富
和你聊天
很愉快
風趣幽默
藉由「傾聽」激發
對方的意願
擅於說服
暢銷商品
推手
成功引導客人
說出需求

02 善用搭腔附和，也是一種回應

無論是保持沉默或閉目養神，「只要有在聽就好」這種想法是錯的；因為溝通是雙向的，既然你是聽眾，說話者便會無時無刻地在意「聽眾是否認真聽我說話」。

例如，演講者在台上說話時，若台下聽眾毫無反應，演講者一定會感到惴惴不安。連專業演講者都如此，一般人在溝通場合中，若遇到毫無反應的對象時，一定更加無計可施。因此，**讓說話者知道「我有在聽你說話」，也是傾聽者的重要任務。**

更進一步說，「傾聽」絕非被動的行為，反而更需要「表現」。「溝通」經常被比喻為「傳接球」，假如發出訊息是「投球」，那麼接收訊息就是「傳球」。接到球後沒有回傳給對方，就不算是傳接球。

◆演講者最怕——台下一片靜默

說話者的表現，取決於聽眾的反應

我曾看過某些年輕人在聽別人說話時面無表情、不發一語且毫無反應；也發現有些主管在聽部屬說話時，擺出閉上眼睛、雙手抱胸等姿勢。

即使他們自認為有在聽，但這樣的態度會讓說話者的心裡七上八下，無法冷靜說話。

這些傾聽者的表現，或許並

◆適時附和，能使溝通順暢

❶與說話者視線相交
❷身體稍微向前傾
❸依談話內容變換表情
❹在重點處搭腔附和
對呀！
透過態度和言語，
表現出正在聽的樣子
＝ 傾聽
哇!!

非出於「抵制」或「反抗」的心理，只不過是在無意識中做出的反應。

「傾聽」是一種「表現」，對說話者的影響甚大，說話者的表現優劣，也會因聽眾的反應和態度而大不相同。

Keyword

「傾聽」並非被動的行為，而是一種「表現」。

03 善用「眼神」，傳達難啟口的內心話

傾聽的第一步，就是積極地回應說話者。各位不能認為回應「只是搭腔」，當你被叫到名字，或是被問問題時，**「好的回應」能讓溝通有個愉快的開始。**

例如被主管叫到名字時，你並沒有回應；於是主管提高音量再叫一次你的名字，此時你才終於拉長音調回應：「有！」

假如你在主管第一次叫你時就爽快回答：「有！」就不會讓主管感到不舒服，甚至演變為爭執的原因。

只要懂得回應，便能聚集人脈及錢脈。

◆這樣附和，讓對方越說越起勁

✕

❶默默地突然起立
❷沉不住氣，連聲喊「有」
❸低頭應聲
❹「有……」沒精神地拉長尾音回應

○

❶即時反應
❷抬頭注視
❸開朗有精神
❹起立鼓掌

尊重說話者，順利搭起溝通橋梁

「察言觀色」和「忖度人心」有相同的意思，若能利用眼睛觀察，看懂對方表露於臉色和神情上的內心狀態，對於「溝通」也會大有助益。

「眼神接觸」即「eye contact」，在傾聽時也扮演很重要的角色。當對方開口說第一句話時，傾聽者一定要透過眼神接

◆善用「眼睛」，聽出對方說不出口的話

觸，穩穩地「接住」；假如在開口說話的瞬間，傾聽者的眼睛看向別處，會讓說話者不知所措。開始時四目相對，聽到重點處再以眼神示意，**盡量讓說話者感到「你有在聽」，最忌斜眼瞪視或東張西望。**

揣測對方的心情時，有兩個「E」最重要，即眼睛和耳朵（Eye and Ear），是培養「傾聽力」的關鍵。

Keyword

別只用耳朵聽，也得用「眼睛」察覺對方的表情和內心。

04 微笑，打開對方的話匣子

午餐時間人潮擁擠，在餐廳用餐時，常會很難抓住時機，向忙得團團轉的服務生點餐，因為他們渾身都散發出「我很忙」的氣息。不過，在忙得不可開交的服務生當中，還是會有讓人覺得「容易攀談」的人——他們的共同特徵就是「面帶微笑」。

你常被他人「求助」嗎?在公司裡，當你開口說「〇〇，可以幫我一下嗎？」、「這件事能拜託你嗎？」時，假如對方不知不覺便流露謹慎、提防的表情，或是拒人於千里之外的姿態，這絕對無益於溝通。

雖然不見得處理任何事都得面帶微笑，但是開朗的表情、樂在工作中的感覺，對方自然而然會感覺得到。

◆微笑，開啟溝通的第一步

Q：A 先生和 B 先生，哪一位經常被問路呢？

請問車站要怎麼走？
A 先生
B 先生

答案：A 先生

「傾聽」的三大要訣

進行對話時，「微笑」對於聽、說雙方都很重要，因為傾聽者的笑容具有強大影響力；對說話者而言，傾聽者的笑容勝過一切，更是最佳的鼓勵。面帶微笑傾聽時，必須謹記以下三點：

❶懷抱「善意」

❷向對方「敞開心房」

❸懷著與對方共享樂趣的心情

◆笑容，印象加分的關鍵

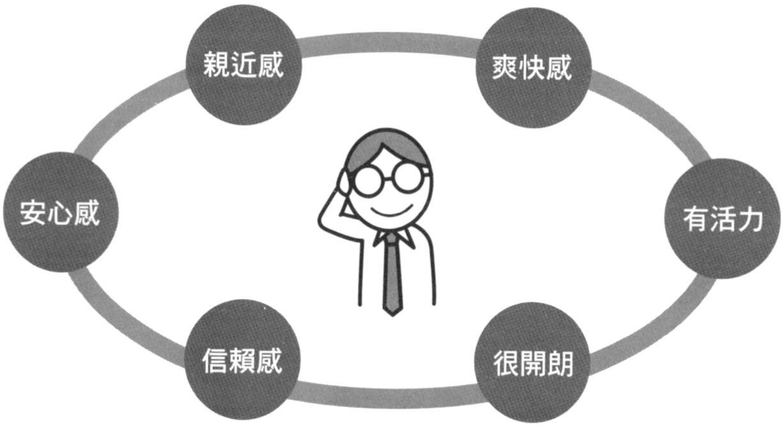
親近感
爽快感
安心感
有活力
信賴感
很開朗

◆三件事，提升「傾聽力」

重要
溝通時，請抱持「打從心底接納對方」的態度。
❶對說話者懷抱「善意」
❷向對方敞開心房
❸懷著與對方分享樂趣的心情

能夠面帶微笑傾聽的人，比較容易商量事情，這種人也較容易從他人身上「獲取情報」。舉例來說，對於知情不報的人給予嚴重警告，這固然很重要；但是，當對方告知情報時，還是要面帶微笑傾聽。

傾聽時，無論消息好壞，皆能保持微笑的人，才是真正的「傾聽高手」。

Keyword

對說話者而言，傾聽者的「笑容」是最棒的支持。

05 手勢、坐姿，也能傳達想說的話

「身體前傾」的姿勢能表現出傾聽者的熱情和企圖心；當好奇心被勾起，忍不住將身體向前傾時，會使多數的說話者感到振奮，越講越起勁。

不過也有例外：一旦對方認真聆聽，有些人反而會緊張結巴。工作尚未上手、凡事缺乏自信、一緊張就結巴的人，若遇到對方將身體往前傾、仔細聽自己說話時，反而會不知所措，造成反效果。

同理可證，聳肩、雙手盤起等趾高氣昂的姿勢也是如此。**若以怡然自得的姿勢、溫和的態度面對說話者，對方便能放輕鬆，繼續說下去。**

注意！這些姿勢最容易得罪人

不過，也有一些姿勢是在不自覺或習慣不良的狀態下展露。以下列舉幾種傾聽時，可能會帶給對方不快，或感到不安的姿勢，包括：

❶ 抖腳

我也曾經因為不自覺地抖腳而被太太提醒。對說話者來說，這個動作很礙眼，會讓人無法平心靜氣地說話。

❷ 雙手交叉於胸前

一般認為，雙手交叉於胸前的姿勢，即是向對方傳達「拒絕」的訊息。有些說話者甚至會因為這個動作而發怒，即使你並無此意。

❸ 趾高氣昂

有些人在聽對方說話時，會坐在椅子上，身體向後仰、蹺二郎腿。假如是中階主

◆傾聽時，「姿勢」很重要

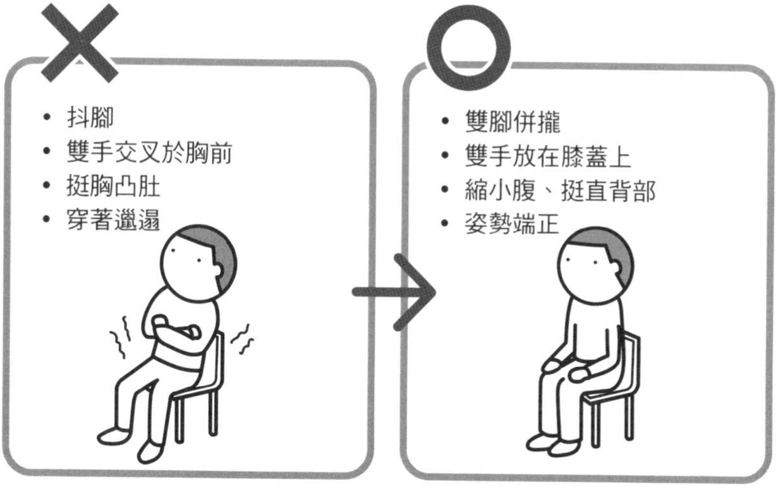
×
• 抖腳
• 雙手交叉於胸前
• 挺胸凸肚
• 穿著邋遢
○
• 雙腳併攏
• 雙手放在膝蓋上
• 縮小腹、挺直背部
• 姿勢端正

管或年紀較長者擺出這種姿勢時，看起來會非常倨傲；若是年輕人，則會讓人覺得很失禮。

無論如何，這些都是不討人喜歡的姿勢。假如不自覺擺出這種姿勢時，通常並不會有人提醒自己，所以必須隨時留意。

❹態度散漫、儀容不整

肩膀無力下垂、兩手肘撐在桌上、抬高下巴發呆等，若擺出十分懶散的態度，說話者會懷疑傾聽者究竟有無用心聽，導致越講越生氣，甚至對傾聽者失去信任。無論姿勢或態度，散漫、不端正，都會呈現「很浮躁」的感覺。

姿勢和態度可反映一個人的生活，假如生活很混亂，處世態度也會變得粗野無禮。

態度和善，對方才會卸下心防

圍繞著江戶城開城爭議，西鄉隆盛與勝海舟（兩者皆為日本江戶時代末期的政治家）因演出一番大戰而馳名天下。據說許多人因仰慕西鄉隆盛而拜於他門下，是個很有魅力的人。當有人來訪時，西鄉隆盛總會先說：「**來吧！說來聽聽。**」之後便躺下來，一派悠閒地傾聽對方說話，而不是施加壓力。

Keyword

傾聽時要全心投入，最忌態度懶散、姿勢不良。

06 不搶話，才是好聽眾

有些人認為自己很仔細地聽，也頻頻點頭示意，以為這樣做就夠了，便一直停留在點頭的階段。其實，傾聽時，更重要的是「出聲附和」。例如，邊聽對方說，邊適時回答：

「原來如此。」

「這樣子啊！」

「真夠嗆的哩！」

「聽起來好有趣。」

「那之後怎麼樣了？」

因應談話內容，適時搭腔，對方會越說越高興，不過，請務必留意以下兩點：

❶別急著打斷對話，待談話告一段落後再附和。

❷別總是重複回答「原來如此」、「是喔」。

在對的時機點附和，絕不搶話

邊聽對方說話邊回應固然很好，但有些人就是會不知不覺地搶話。請記得，必須徹底以對方談話的內容為中心。

對話是聽與說並進行，**說話的人必須顧慮聽眾，便於對方聆聽，而不是自己一個人唱獨角戲**。

傾聽者除了要讓說話者容易開口外，同時也要主動提供話題，使交談更熱絡，絕不能「光聽不說」。

為使溝通順利進行，下列規則請務必遵守：

◆這樣問話，迅速套出他的內心話

試著將左列的問話類型，與右列相符的回答連起來。

問話的類型

A
「你的意思是○○○嗎？」
「換句話說，就是○○○的意思嗎？」
「真的是○○○？」
「總之就是○○○的意思，對吧？」

B
「原來如此」、「沒錯」
「的確如此」、「你說的對」
「真的是這樣」

C
「所以怎樣？」
「我知道啦！」
「不是這樣的。」
「應該說是……」

D
「欸」、「哦」、「好有意思」
「會很辛苦嗎？」
「我能體會你的感覺」
「咦，真的嗎？」

E
「所以？」、「然後呢？」
「其他還有些什麼呢？」
「後來怎麼樣了？」

回答的模式

❶贊同

❷共鳴

❸催促

❹整理

❺NG

答案：A＝❹、B＝❶、C＝❺、D＝❷、E＝❸

❶不獨占談話。
❷不搶奪話題。
❸不打斷對方說話。

關於第三點，我們將在後文中討論，這裡主要先針對第二點做說明。

我們很容易禁不起「想說話」的誘惑，平常愛說話的人特別容易不受控制，因此，想徹底當個「聽眾」並不容易。若沒有強烈的自覺，便無法戰勝想說話的誘惑，必須有效利用「話題」來協助說話者，使交談更熱絡。相信你一定會發現，這麼做不但能讓對方高興，也對自己更有利。

Keyword

對說話者來說，傾聽者的「附和」，是最好的鼓勵。

07 發言有次序，最忌中途打岔

「把最想說的話放到最後」——這是一般台灣人說話的習慣。想拒絕別人時，一開始會先提出各種理由，在此階段還無法分辨「對方是否答應」。直到最後，對方才說出：「因為這個緣故，雖然我也試著想辦法解決，但這次還是算了。」

就算你中途插嘴詢問：「你是否答應？」相信對方也只是把之前說過的理由再重複一遍，使對話變得更加冗長罷了。

假如開門見山地說：「請直接告訴我，你是否答應。」有人會一開始就這樣要求，但若每次都採用這種方式，久而久之對方便會只說結論，我們也聽不到過程中所包含的訊息。

開場白長則一～二分鐘，假使因氣氛好而拉長時間，不妨以「換句話說，就是〇〇的意思，對吧？」幫助對方整理，再進入下一個階段，盡量讓對方把話說完。

保持耐心，讓溝通更順暢

當多人交談時，大家的發言乍看之下毫無次序，其實，發言的順序有一定的規則，我們稱為「排序制度」。當某人發言時，其他成員會暗自在心裡預測他大概講到哪裡會結束（潛在的終點），並思考接下來由誰發言。

當他的發言接近潛在終點時，下一個想發言的人可能會把身子往前探出，或是附和「你說的對」，發出「接下來換我說話」的訊號。一旦說話者注意到這個訊號，就會交棒給對方，便能順暢地依序發言。不過，有時也會由成員中負責協調的人，指定接下來的發言順序。

◆如何整理對話，引導出結論？

想插話時，請先開口詢問

問題是，成員中難免有人無視排序，打斷對方談話，原因可能包括：

❶ **靈光乍現，想到好主意**
❷ **說話冗長，希望對方閉嘴**
❸ **氣到無法保持沉默**

無論什麼理由，突然打岔就是犯規。

◆溝通也有順序，最忌搶話

1. 仔細聆聽對話內容

↓

2. 預測對話走向，決定附和的順序

↓

3. 對話接近尾聲

↓

4. 向下一個說話者委婉發出訊號

換句話說就是
〇〇〇的意思。
A 小姐
你說的對。（接下來可以換我說嗎？）
B 小姐
由於 B 小姐正打算接著說話，此時不可插嘴。
NG
好！那就這樣辦吧！

Keyword

先聽對方把話說完，再說出自己的看法。

「很抱歉中途打岔，不過我剛剛突然有個想法，可以讓我先說嗎？」

請先這樣詢問後再開始說話，先取得成員的諒解，也是傾聽高手必備的本事。

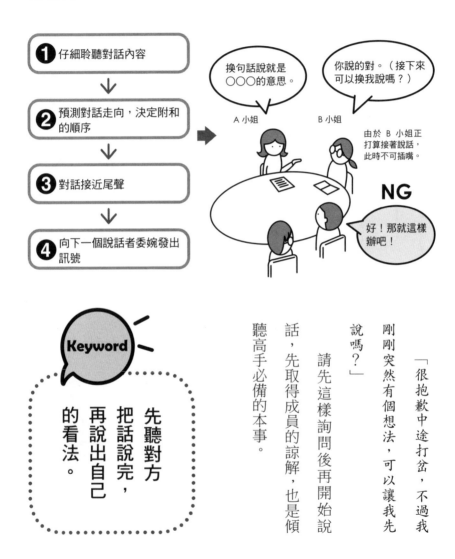

08 適時整理對話，避免冗長

當對方說話不得要領時，協助整理他的談話重點，使對話變精簡，稱之為「重組」。教授說話方式的講座中，也會將「重組」納入課程，其做法正如下頁圖說。

若重組得好，對話內容就會精簡扼要，還可同時增進傾聽和說話的能力。

一面聽，一面整理雜亂無章的談話內容，就好比收拾零亂的書桌或房間。字典中的「整理」一詞，有兩種含意：

❶ 收拾處於混亂狀態的事物，歸納出秩序。

❷ 去除不必要的東西。

◆重組談話，讓內容變精簡

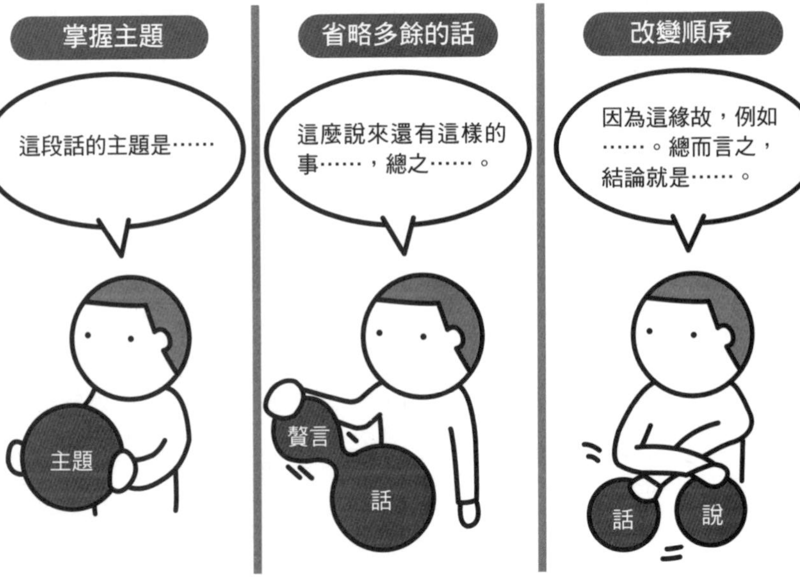

掌握主題
這段話的主題是……
主題
省略多餘的話
這麼說來還有這樣的事……，總之……。
贅言
話
改變順序
因為這緣故，例如……。總而言之，結論就是……。
話
說

整理談話內容時，也同樣要做❶與❷這兩件事，建議從❷開始做起，會比較容易。

整理「冗長對話」的三大要點

❶ 捨棄

首先請捨棄與主題無關的內容，再進一步省略多餘的話，如「冗長的開場白」、「重複多次的部分」、「顯而易見的事」等。

❷ 分類

整理就是「分類」。一面聆聽，一面將各種談話內容，區分在符合其屬性的項目下，做好整理分類。把相同、近似的內容集合在一起，就能漸漸聽出頭緒。

❸ 排順序

將數個項目井然有序地集合在一個主題之下，即是所謂的匯總。在傾聽的過程中，判斷該將某項目置於開頭比較清楚明白，或是覺得中間的部分雜亂無章，於是分成兩個項目等，一面考慮整體的配置，一面整理談話。

Keyword

先分類再排順序，輕鬆整理冗長對話。

◆三步驟，輕鬆整理冗長對話

❶ 捨棄

捨棄「冗長的開場白」、「重複」、「顯而易見」等非必要的內容。

❷ 分類

把相同、近似的內容集中在一起，並做整理、分類。

❸ 排順序

將數個項目依序集合在談話主旨及主題下，彙整談話的內容。

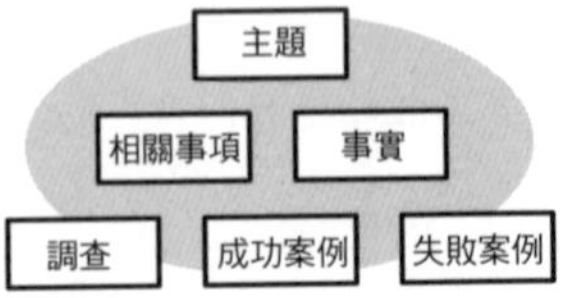

09 對方說話很無趣，怎麼辦？

覺得對方的話題「很無趣」時，別只責怪說話的人，也得反省自己的傾聽能力是否不足，建議各位這麼做：

❶ 不要擺出「很無聊」的表情

傾聽時，要盡量表現出積極、感興趣的樣子，就算主管說的話十分無趣，也要盡量找出優點，以善意的態度聆聽。

❷ 遇到惱人狀況，這些方法很管用

以下舉出幾個無趣的談話案例，這樣傾聽就對了！

- **不斷重複**

◆感同身受，無聊的話題也會變有趣！

對於「囉哩叭嗦的談話」，傾聽時要先「整理」，再歸納概要，促使對方接著說。

●一直重提舊事

聽話者心想：「又提那件事？」感到很不耐煩。此時，不妨溫和地提醒對方「以前聽你說過囉！」或「因為你是前輩我才這麼說，應該有更好玩的事可以聊吧？」等，委婉地要求對方說些別的內容。

●單調無變化

此時，請詢問說話者，如果

◆談話很無趣時，不妨這樣回應！

再增加其他條件，會變成什麼情況。例如「如果部長在那裡，對方會是什麼表情呢？」、「想像起來就覺得有趣！」請與對方一起想像談話的場面，使對話富於變化。

● 一直聊「大家都知道的事」

此時，不妨拋出完全相反的話題。例如，當對方說「水很難喝，空氣又髒，人滿為患的台北真不適合人居住」時，不妨拋出「最近遷居台北的人變多了」的說法。能否使無聊的話題變有趣，由你的「傾聽能力」來決定。

Keyword

依據情況，給予適合的回應，也能避免冗長對話。

10 話沒聽完就急著教訓，最不可取

跑業務的新人A小姐，每天都要拜訪客戶，雖然她還有許多不懂的事，心裡每天七上八下，但是得到客戶鼓勵，或是意外接到訂單時，便會覺得「即使我是菜鳥，還是有人願意支持我」，因而感到開心，於是回到公司後，馬上和前輩分享喜悅。

意見不合時，先聽再回應

喜孜孜地向前輩報告的A小姐話一說完，前輩卻接續她的話題，開始不斷叨唸：「這種時候的確會很開心，因為我也是過來人，不過……。」接著還順便警告A小姐：「妳不能太大意，還是要繃緊神經。」

不久，A小姐便不願意再告訴前輩，她與客戶們發生的事情。像這種只顧著自己說話，最後還以「教訓」收尾的人不在少數。我建議各位，不妨「仔細聆聽」，讓他對你產生「信任感」。

◆先聽再鼓勵，部屬一定挺你

◆意見不合時，先聽他的需求

無論是行程安排或金錢條件，都不可能。
這樣根本無法溝通，請您先答應這項條件。
對立
只站在自己的立場，主張意見，事情不可能順利談成。

好的，站在我們的立場，也覺得合作這麼多年了……。
我想先聽聽您的條件。
同意
交涉或處理糾紛時，要先聽對方的說法。如此一來，對方的態度多半會逐漸軟化，使事情容易談成。

學會「傾聽」，能促使對方讓步

交涉時必然伴隨對立，若是站在對立點上針鋒相對、互不退讓，對話永遠不會有交集。此時，不妨轉換態度，改當傾聽者；例如，「能夠告訴我，您無法答應調漲價格的理由和苦衷嗎？」對於你態度上的轉變，對方通常會回答：「我並不是說一定不答應，畢竟我們生意往來多年，我考慮的是在能力所及的範圍內，要怎麼做比較好。」

在對方說出自己的苦衷，而你又誠

心誠意聆聽的過程中，就會漸漸朝著互相讓步的方向發展。與其劈頭就喋喋不休地說著自己的主張，不如先試著傾聽對方的說法。**所謂的「傾聽」，某種意義上就是讓步，而且完全免費。**

正如車子行駛在狹小道路上發現前方有來車時，若是一步也不退讓，就會動彈不得。先禮讓對方，往路邊停靠，就能繼續前進。這樣不但可以節省時間，也會使心情愉快許多。

Keyword

如果希望對方聽自己說話，就得「先聽對方說」才行。

Column

別一直猛說，注意對方的感受

溝通是討論，每個人都有發言權

只要是多人聚集的場合，就會有人負責主持。剛開始，有些人會陳述自己意見，但總是會有人在接話後便喋喋不休，例如說完「不，不是這樣的」，否定別人後便開始說自己的想法。最後使在場的人都感到十分厭煩，漸漸不想再接話。

若問這類型的人：「周圍的人反應如何？」他們多半會擺出一副毫不在意的樣子說：「不就是那樣嗎？一直都是那樣！」

像這種「話太多」的人，似乎對於自己的行為造成別人困擾、不快，絲毫沒有自覺。

無論聽或說，都有「對象」存在，請務必察覺自己的行為會對對方造成何種影響——這是溝通的第一要務。

這種人若被主管提醒「你講話很不客氣」時，很可能會回答：「我個人不在意這種事。」事實上，該在意的並不是自己，而是對方的感受，各位必須有此自覺，溝通才能持續。

溝通是雙向的，最忌「唱獨角戲」。

Part 2

留下好印象的8個說話技巧

言多必失，
抓準「接話時機」再回答！

有時候，提出問題也是一種回答 11

這是我在某公司為新進員工舉辦的講座中，擔任講師時發生的事。三十名年輕男女認真聽講，尤其是從前排數去的第三位男性，聆聽時多次點頭，令我印象深刻。

他在休息時間跑來找我，詢問：「請問老師說話時，眼睛看哪裡呢？」

我猜不透他提問的用意，於是回答：「看哪裡？我是看著所有人說話啊！」

「可是您都不看我。我拚命點頭，希望您能看我，但是您都不看。」

即使無心，「忽視」還是會傷害對方

對於一直熱切點頭聽講的他，我感到很放心，因而心想「他絕對沒問題」，於是

◆注意五大反應，猜出對方的心

看向什麼
地方？
視線
表情
揣測對方隱含的
心情
變化
心理狀態會表現在
態度上，仔細觀察
動作
捕捉如臉部朝下
等小動作
現場條件
觀察周遭情況

便只關注他的四周，而未與他四目相對，沒想到卻被他發現了。他頻頻點頭的動作，原來是暗示我「請看我這裡」。

我因為解讀錯誤，就把心中的想法告訴他，並向他致歉。之後，他流露出安心的表情說：「原來是這樣，我原本還擔心您是不是討厭我呢！」

對方的反應，即使是出於無心，也可能會傷害他。

◆哪些時候，該閉嘴靜靜聆聽？

❶ 有人找你說話，希望你當聽眾。

❷ 在對方沉默的情況下，別馬上開口，考慮是否要先聽他說。

❸ 氣氛輕鬆，對方正慢慢說出內心話時。

❹ 對方表現出「你說過了」的表情、眼神時。

❺ 「然後呢？」請稍微敦促對方，微笑等待回答。

❻ 一旦對方開始說話，就要動腦思考該如何搭腔。

❼ 談話告一段落時，可用「不過」、「你對那件事有什麼看法？」引導對方說話。

❽ 談話時，多次提到「你」或對方的名字。

❾ 不使用「怎麼」、「為什麼」、「你沒有話要說嗎？」等質問口吻。

❿ 對方若提問，別立刻回答，先反問「你怎麼看？」有時候，「提出問題」也是一種回答。

說話時，也要注意對方的反應

前面提到的失敗案例，原因出在於我只看見對方的表面行為。假如對方的點頭附和看起來不太自然，就要停止談話，並詢問他：「有什麼事嗎？」一面說話，也要一面忖度對方的反應。當對方露出一副「你已經說過了」的表情，或是活動身體、感覺有話想說時，千萬別錯過這些訊息，請將它們當成「傾聽的時機」，神色自若地將說話的接力棒交給對方。

Keyword

適時接收對方發出的訊號，並懂得隨機應變，才是真正的「傾聽高手」。

12 先示弱，突破他的心防

不曉得是否因為「說話方式研究所會長」的頭銜，每當我遞名片給初次見面的人時，對方大多會心生防備，產生諸如「竟然是教人說話的名師」、「在他面前不能亂說話」、「他一定滿口花言巧語」等想法。

自曝短處，可拉近彼此距離

他們常會懷抱前述這些想法，看著我的臉，也有人會對我說：「我很不善言辭，想請您給予指導。」於是，我會這樣回答：「我是福田健，『健康』的『健』，可是人不如其名，如您所見，我個子矮小，而且長年罹患痛風，不能喝啤酒。」

◆想拉近距離，就要這樣說

1
這是某製藥廠的
業務 A 先生。
2
你這樣會妨礙
我工作，不要
再來了。
即使到醫院拜
訪，醫生也避
不見面。
3
A 先生下定決心，大聲
叫住醫生。
醫生！
4
我經驗尚淺，還是個菜鳥。
醫生您討厭我嗎？假如您不
討厭我，請再給我一次機
會。只要能為您效勞，我赴
湯蹈火再所不辭，
拜託！
5
A 先生不顧形象地說出這
番話。
…
6
好吧！你可以來，但不能
打擾我工作。真是的，從
沒見過像你這樣的傢伙。

◆展現親和力，突破他的心防

親近感
有戒心
你好！
啊
?
不好意思，我把名片忘在洗手間了。
真是太粗心了，我去拿給您。
沒關係，我不介意。
這個人真有趣。

這樣一來，對方多少會放鬆警戒，並回答「痛風好像很不舒服」等；還曾有人對我說：「醫生也曾說過我父親尿酸過高，讓我很擔心。」便能拉近彼此的距離。人們很難吐露真心，更何況戒心越重，越容易只說場面話。

建立親近感，才能引導對方說出真心話。

利用自己的「缺點」，套出對方的真心話

此外，在關鍵時刻自曝其短，並向

對方示好，可以打探出他的真心。假如對方真的不願吐露則另當別論，否則，對方多半不會拒絕。更何況，已經直接表明自己是「菜鳥」，就算對方真的回答：「我討厭你，不要再來了。」也必然會感到歉疚。

想要打探對方的真心，必須先揭露自己的一些缺點，將弱點示人，對方才會鬆解心防，吐露真心。因此，請別擔心，果決地先向對方揭露自己的弱點吧！

Keyword

誠實說出自己的「弱點」，換取對方的真心話。

13 三個線索，判斷是否「話中有話」

近來，智慧型手機的自動對話軟體十分盛行（編按：如蘋果的Siri）；不過，這類軟體無法領會人們的感情和當時的狀況。

例如，太太若對徹夜飲酒作樂的老公說：「你以為現在幾點了？」此時，讓能夠與人對話的軟體來回答，它大概只會說「兩點半」吧！

不過，如果換作是真人回答，就能瞬間判斷情況，說出：「不好意思，我回來晚了，對不起。」

因為人們說出口的話，不見得只能對應一種意思。

字面上的意思稱為「表面意義」；而依狀況產生的言外之意則稱為「含意」。解讀這種「含意」的能力，在我們聆聽時顯得格外重要。

◆弦外之音，你聽出來了嗎？

他自認為「沒人能夠取代我」（從狀況猜測）

正在等我說「萬事拜託了」（從表情猜測）

當然在生氣（從態度、語氣猜測）

仔細觀察，解讀他的「弦外之音」

傾聽時要仔細感受現場氣氛，才能引導出對方話中的含意，而不只是理解表面上的意思。

舉例來說，被人罵「你是笨蛋」就立刻生氣，會如何呢？

或者一聽到某人說「讀理工科的人就是比較聰明」，就馬上喜形於色，又將會如何？

其實，前述兩者都應該冷靜下來，

思考說話者的弦外之音，並透過下列三個線索來觀察辨別，他的話中是否有「話」，包括：

❶ 語氣（是否焦急、緊張）
❷ 表情（是否不悅、懷疑）
❸ 現場狀況（觀察周遭的反應）

如果無法正確聽懂對方說的話，你將很難成為「傾聽高手」。

Keyword

一句話往往含有多層意思，學會「解讀」很重要。

14 強調感同身受，說服最有力

一個人說的話，會流露他的心情和情感。即使說得並不合理，只要能接納說話者的情感，並且予以同情，說話者也會心滿意足，使對話順利進行。

別急著說教，先讓對方宣洩情緒

後輩在外頭奔波後回到公司，說了聲「啊！好累」，就咚的一聲坐下。神采奕奕的前輩見狀便數落道：「年紀輕輕就喊累，太鬆懈了！我雖然比你大七歲，也不會像你這樣開口就喊累，你就是因為這樣，業績才會一直墊底。」

就道理而言，或許前輩說得沒錯；但是這樣一來，後輩的心情會立刻變得很沉

◆善用同理心，理解對方的情緒

當你關心地詢問正在咳嗽的後輩：**「你怎麼了？感冒了嗎？」** → 對方卻回答：**「我不能感冒嗎？」** 這種情況該如何回答？

✕

❶指責對方：「你這是什麼口氣？」

❷進一步指出對方的錯誤：「我是擔心你，你怎麼這樣說話？」

❸對方依舊在生悶氣，於是再告誡他：「你真的太囂張了！改一改你的態度！」

○

❶問對方：「怎麼了？」先接納他說的話。

❷「你的心情很糟吧！」理解對方的情緒。

❸「最近一直在加班耶！」順帶提及其他因素，讓對方感到過意不去，說：「對不起，我也有些心浮氣躁。」

重。一開口就指責他「太鬆懈」，會讓他以後都不敢再安心地「喊累」；前輩要先接納後輩的感受，不妨這樣說：

後輩：「啊，好累！」

前輩：「今天是這個月最後一個星期五，塞車很嚴重吧？」

後輩：「是啊！原本三十分鐘就能到A公司，我花了一個小時才到。」

前輩：「對呀！趕時間就會心浮氣躁，我也常有這種經驗。」

◆別只顧生氣，用「建議」扭轉對方想法

◆遇到緊急狀況，該怎麼問？

這是消防中心的接線生所遇到的情況。因為打一一九報案的民眾亂了方寸，常會認定別人已經清楚自己的狀況；因此接線生必須迅速、正確問出資訊。

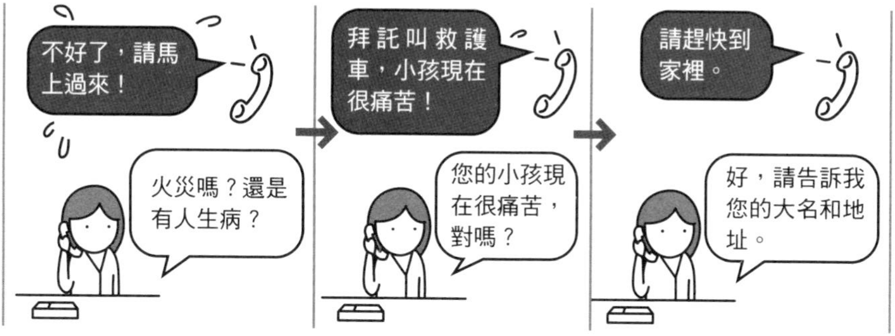

後輩：「真的很累。可是前輩，有好消息喔！」

前輩：「好消息？有什麼好消息呢？」

後輩：「A公司那位挑剔的部長想研究機械的租賃方式，要我提出估價單。」

前輩：「的確是好消息！加油，你可以的。」

後輩：「我一定會努力的。」

於是，原本一直喊累的後輩一掃疲憊之色，兩眼閃閃發亮。**先接納對方的感受，盡量以同理心傾聽對方說話**，讓他在情感上得到滿足，便能恢復活力。

Keyword

用「同理心」接納對方，說動人心最有效。

15 先道歉，緩和現場的僵局

針對某人的錯誤與不周到之處表達不滿，即為「投訴」。任何人都有自我防衛的本能，一旦被投訴時，都會想先保護自己。不過，若能意識到自己的錯誤與處理不當，容易造成對方的困擾，就會明白「道歉」遠比「自我保護」更重要。

被投訴時，第一時間就要向對方道歉。如果隔天早上才去賠罪，請務必一早就出發，盡量比對方更早到，誠心誠意的態度很重要。

其次，**要打從心底表達歉意。**「我真的非常抱歉」——明確地向對方道歉；不誠懇的道歉只會增加對方的不快。

第三，**請全心全意聆聽。**投訴你的人心中一定堆積了不滿；即使是主管想給予部屬坦誠的建議時，多半也是暫時先忍耐，若對方依然沒改進，才會將話說出口。

◆無論多小的錯誤，「道歉」絕不能省略

這件事發生在某大飯店的櫃檯前

我是福田，我有預訂房間。
好的，福田武夫先生是吧？
是福田健。
請稍等。
福田健先生，請您填寫住宿卡。

這或許只是小事，但是對方未向我致歉，仍使我耿耿於懷。

「抱歉給您添麻煩了。」

「是的，您說得對。」

請依對方投訴的內容應對附和，並仔細傾聽，對方一定能感受到你的誠意。

真心道歉，將憤怒化為「感謝」

這是發生在某間餐廳的事。脾氣古怪的年長客人用餐後，對著開始收拾餐具的女服務生大聲抱怨：「搞什

◆不小心犯錯惹怒對方，該怎麼辦？

1 請開口表達歉意

給您添麻煩了。
我想向您賠罪。
真的很抱歉。

2 全心全意道歉

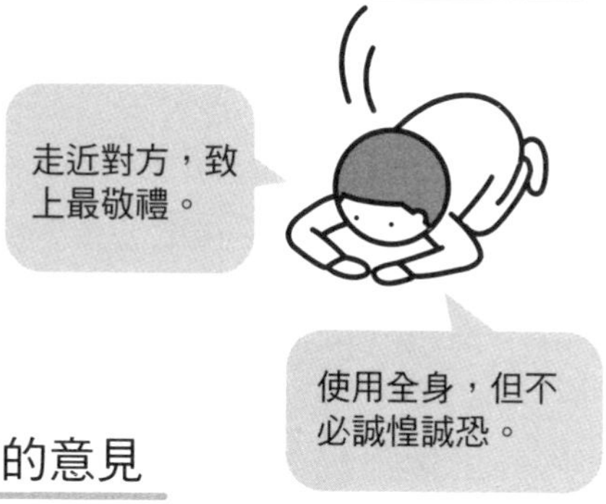
走近對方，致上最敬禮。
使用全身，但不必誠惶誠恐。

3 感同身受，聆聽對方的意見

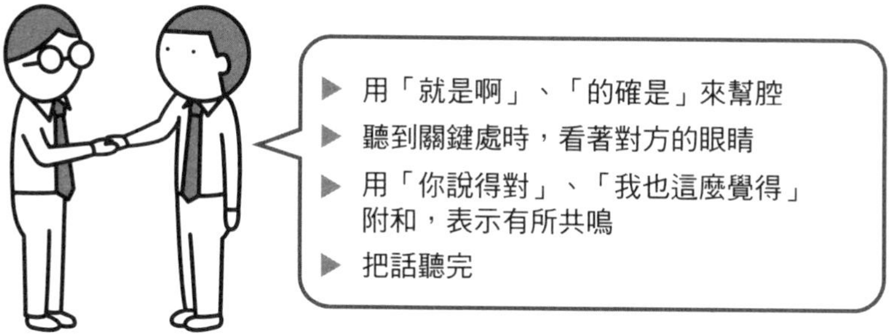
▶ 用「就是啊」、「的確是」來幫腔
▶ 聽到關鍵處時，看著對方的眼睛
▶ 用「你說得對」、「我也這麼覺得」附和，表示有所共鳴
▶ 把話聽完

麼啊！在餐廳工作的人，居然不懂得怎麼收餐具？」

他的口氣強烈到連四周的客人也轉過頭來。「聽好了！餐具是要依照這樣的順序收走。」他繼續說道。

女服務生聽完老人的抱怨，向他一鞠躬，並且說聲「謝謝指教」，真心地向他道謝：「承蒙您的教導，讓我有幸上了寶貴的一課。」據說，老人從此之後便成為她的忠實客戶。

Keyword

俗話說：「化干戈為玉帛。」適時的抱怨和糾紛，也是人際關係的加溫劑。

16 適時發問，理解「話」中的意思

人類本來就具有求知的欲望，在了悟的瞬間會感受到無比的喜悅。但是另一方面，人類天性懶散，喜歡追求輕鬆快活；就算想弄懂一件事，也會尋求簡單的方法，聽完別人的敘述後若仍不明白，就會直接去問聽得懂的人——人類有選擇走「捷徑」的傾向。

社會日趨複雜，技術日益提升，難解的事情越來越多，許多人早就放棄了解新事物，抱持「反正我也聽不懂」的想法。

只要有這樣的心理，便無法培養理解能力；想提升理解力，最重要的是擁有想了解的「企圖心」。

做到三件事，提升理解力

❶ 聽出「主旨」

所謂的「主旨」就是對話內容的核心部分，即「中心思想」。若以一句話來表示說話者想傳達的意思，就是該對話內容的「主旨」。

不妨問自己：「簡言之，他想要表達什麼？」請努力掌握主旨。

「提到『基因改造食品』，恐怕有不少人堅信它很『危險』、『有害』。這可從有人質疑無論是零嘴、豆腐或其他食品，都未標示『不使用基因改造食品』即可證明。事實上，經過衛生署確認，安全無虞的基因改造食品有七項。」

之後，對方便繼續針對安全性做說明。不過，這段話的主旨其實是「堅持己見的可怕」。若能掌握主旨，藉由邊聽邊檢視支持主旨的論點，以及用以佐證論點的材料等，相信就會比較容易理解。

◆真心讚美，用心理解對方的「優點」

會唱歌的人，也懂得欣賞別人唱歌，並理解歌聲為何如此動聽。

◆態度積極，溝通效果更好

	❶	❷	❸	❹	❺
○ 積極的態度	懷著「好奇心」聆聽	即使目前所知有限，也要認真聽	邊聽邊整理說明	事前做功課	發問
✕ 消極的態度	反正聽了也無法理解	以後有需要再聽	對方說不清楚，不太想聽他說	沒先做功課就開始聽	提不出任何問題

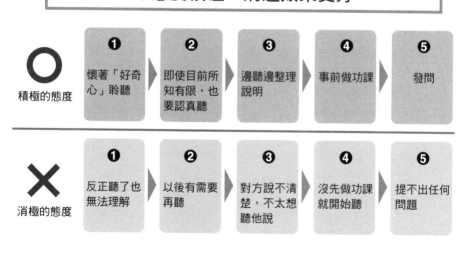

❷ 掌握內容的關聯性

一開始時，腦中就要先對談話有整體印象。然後邊聽邊思考對方的每項說明在整體談話內容中的位置。「理解」意即掌握「關聯性」，一旦不清楚目前說明的內容與整體的哪個部分有關聯，就很容易一知半解。聆聽時，請釐清整體和部分的關係，各位不妨因應自己的需求，隨時向對方確認和發問，例如：「你剛才說的是不是和這部分有關？」、「基因改造應該定位為品質改良而延伸出來的技術？」藉此釐清關係。

❸ 大膽發問

倘若在對方說明時，出現一句「業務效率的最適化」；若你不明白其具體所指為何，就要進一步發問：「舉例來說是什麼情況？」藉由發問，更確實理解對方的意思。要求說話者「盡量說得讓人能夠理解」，也是聽眾的基本權利。

Keyword

提高理解力，可使溝通變輕鬆，獲得更多信任。

17 發問像拆禮物，要由外而內的提問

擅長傾聽的人，同時也很會發問。然而，即使是現代人，依然會在發問時「有所顧忌」。

擔心問題問得不好而丟人現眼，或是害怕問了後挨人白眼，這些都是主要原因。關於前者，有句諺語說得很好：「提問是一時之恥，不問是一生之恥。」只要問得好，反而能提高別人對你的評價。

「提出問題」能讓對方說出心中的所知所想。這對於堪稱「提問專家」的採訪記者來說，也並非易事。

話雖如此，若是交給優秀的提問者，有時還會讓對方說出「連自己都不知道的事」。想成為提問高手，有以下三個祕訣：

❶ 想清楚「最想知道的事」

在演講實習會上，有位講師詢問某位發言的人對於自己演講的看法。對於這個籠統的問題，對方只能回答：「還不就那樣。」

假使再問他：「有無按照預定的內容演說呢？」

「前半段有照預定的內容，但是因為時間不夠，後半段只說了一半。」對方就會這樣回答具體的內容。弄清楚自己想從對方口中問出什麼樣的訊息，鎖定重點。

❷ 從「最外層的問題」開始發問

假如詢問柔道選手：「您現在的心情如何？」對方大概只會回答：「棒極了！」

接著問：「您站上比賽台時，心中有什麼想法？」

答：「我當時心想，就算被撞飛也沒關係，就正面迎擊吧！」

最後再問：「那麼您的感覺如何？」

答：「好像撞到一顆大岩石，對手不動如山。」

◆對方很沉默時，不妨這樣說！

及時反應

對方開始說時，就要：
①露出生動的表情
②與他四目相接
③隨聲附和
熱情地予以回應

耐心等待

耐心等待對方開口，只要以從容的態度等待，對方不久就會找到詞彙，一點一點地聊起來。

主動提供話題

無論是閒話、嗜好，請主動提供話題，對方漸漸會產生聯想，開口說出「其實我也……」。

像這樣從外圍慢慢發問，最後才問他：「您現在的心情如何？」

同樣的題目，「感染力」卻大不相同。

❸擴大「問題的範圍」

連假結束去拜訪客戶，詢問對方：「連假時有跟朋友去打高爾夫球嗎？」

假如對方回答：「我很少打高爾夫。」對話就會迅速結束。

若是改問：「連假時怎麼度

◆問得好，就能說服任何人

擅長提問的人，會利用問題引導對方，並藉由認真傾聽，喚醒對方的自主意志，進而採取行動。因此，「提問」也是說服的武器之一。

幫助對方「做決定」

對於三心二意的人，提出「是非題」便能使他下定決心。像是：
「上次提到的會議，要在星期二還是星期四舉行？」
甚至還能順勢提出減輕負擔的方法，如：「由我負責聯絡開會的成員，如何？」

用「問題」提醒對方

有一次，有位年輕女孩跑到隊伍最前方打算插隊。一旁的中年男子就問她：「妳在趕時間嗎？」這句話讓她突然醒悟，因為她一路跑過來，並未注意到早已大排長龍。「對不起。」年輕女孩坦率地道歉，排到隊伍後方。

「質問」無法促使人採取行動

有人常以「提問」的形式，行「質疑」之實。「質問」就是藉由「問題」責備對方。
例如：
前輩問後輩：「你之後有找A公司洽談嗎？」
後輩：「還沒。」
前輩：「為什麼？放著不管它，這樣怎麼行？」
後輩小小聲地回答：「對不起。」

過？」這種大範圍的問題，能促使對方做出較多元的回答，如：

「小孩在學游泳，只好在泳池陪他。」

「您的小孩一定很高興。」

「不過我可累壞了。你呢？怎麼度過？」

如此一來，就能和對方聊得更起勁。

Keyword

「發問」是與未知事物的相遇，也是認識新事物、獲取情報，深化彼此交流的契機。

18 面對討厭的對象時，如何傾聽？

只要是人類，必然有所好惡。工作時，即使面對不喜歡的人，也得聽他說話，以下介紹面對討厭對象說話時的三大要訣：

❶ 去蕪存菁，讓廢話「左耳進，右耳出」

「討厭」又可分成「沒有原因的討厭」、「個性不合」等各種情況。假如是「連見面都不願意」這類嚴重情形，與其勉強接近，不如盡量疏遠。某些個性認真的人，常會覺得即使討厭對方，也必須聽他說，試圖全部聽完，但卻很可能因此造成壓力。

因此，請先聽最必要的部分，然後再慢慢擴大傾聽範圍吧！

◆除了聽，也要仔細觀察表情

關於這個提案，我的意見是……。
SPEAK
HEAR

別光顧著說話，仔細觀察聽眾的表情，了解需求。

❷告訴自己：「聽到就是賺到」

自己不喜歡的人，多半有些令人討厭的「毛病」，此時，不如就視為「菁英」特有的脾氣，耐心聽他說話。因為，對方很可能具備「獨特的構思」、「明智的判斷」、「銳利的洞察力」等能力，若只因為討厭就掩耳拒聽，實在太可惜了。

想通傾聽才有「好處」，試著側耳傾聽討厭對象說話。習慣之後，就不會再對這些話「是誰說的」有所反應，而能專注於聽對方說話，逐漸成長為一位優秀的傾聽者。

◆是否有在聽，看「態度」就知道！

閱讀題目後，請在符合的選項中畫「○」。若有五個以上的「經常」，表示平時很少認真傾聽。

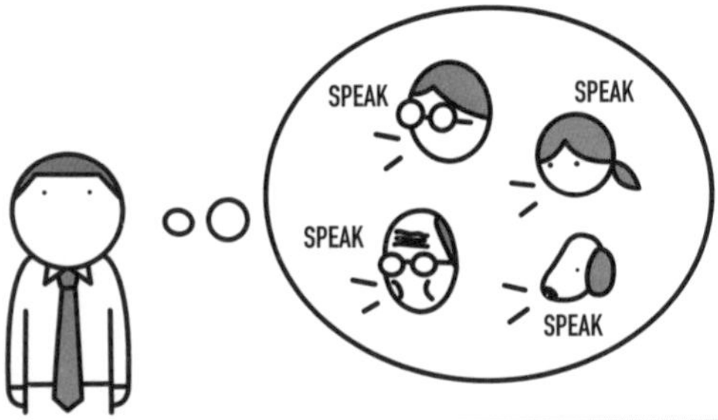

		經常	很少
1	傾聽時會貿然斷言、草率下結論。		
2	時常聽著聽著便打起瞌睡，頭腦發昏。		
3	若是討厭的人在發言，就會把心封閉。		
4	因為對方口拙便不想聽。		
5	腦中思考著自己要說的話，而無法聽對方說。		
6	因為想先發言，而打斷對方的話。		
7	對話題沒興趣，提不起勁。		
8	一旦判斷與自己的想法不同，便固執地不願意聽。		
9	傾聽時，雙手抱胸或面無表情。		
10	對談話內容有不明白之處，也不想發問、確認。		

❸ 稍微強迫自己「喜歡對方」

斷定某人「很討厭」，是否有可能是自己的偏見？其實，雖然不必勉強自己，但各位也不妨努力試著去喜歡對方。或許你會漸漸明白對方的優點，讓對方也感受到你的好，於是不再「討厭」他——因為，能夠傾聽討厭的對象說話，才是真正的「傾聽高手」。

Keyword

別因為「討厭」就掩耳拒聽，不客觀的成見容易讓你錯過「重要訊息」。

Column

言多必失，分寸拿捏很重要

溝通時，最忌滔滔不絕

談到能言善道，各位腦中大概馬上就會浮現說話滔滔不絕的人。這種人向來會被旁人形容成「伶牙俐齒」、「嘴巴甜」、「無法信任」，多半風評不佳。

從溝通的本質來看，口齒太過流利，有時還會演變成「單向溝通」的狀況。

愛說話、話很多的人，必須時時留意，避免陷入「口若懸河式」的「單向溝通」。

話太多時，容易產生負面效應

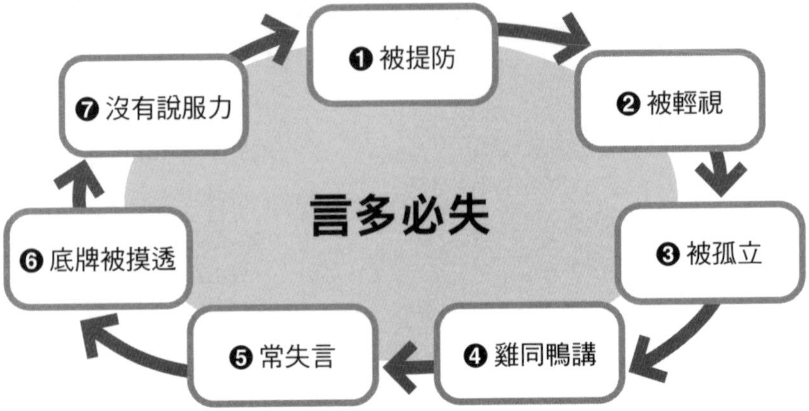
❶ 被提防
❷ 被輕視
❸ 被孤立
❹ 雞同鴨講
❺ 常失言
❻ 底牌被摸透
❼ 沒有說服力
言多必失

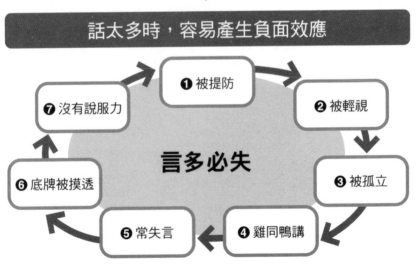

Part 3

回話前要注意的7個重點

眼神、表情、態度，決定溝通成敗！

19 搭配「肢體語言」，說服效果加倍

最近，透過智慧型手機和電腦溝通已是常態。由於只需輸入文字，比當面說話還要輕鬆，就連要跟隔壁的同事聯絡，也都透過手機或電腦。

如果無法當面溝通，人際關係會越來越淡薄。與某人相處時，偶爾會令你感到不快，但只要打開心房，以直率的態度面對，相信他也會逐漸向你展現友善的態度。當你的態度改變時，對方會接收到強烈的「視覺刺激」，進而對你的坦率做出反應。

搭配「肢體語言」，效果更好

業務高手通常很擅長用「全身」來表達自己的意見。即使說話並不流暢，甚至時

◆一味隱藏情緒，當然會溝通不良

誠意

光靠誠意，無法傳達感謝的心情。

誠意

想讓對方了解自己的企圖心與態度。

◆搭配肢體動作，傳達心意

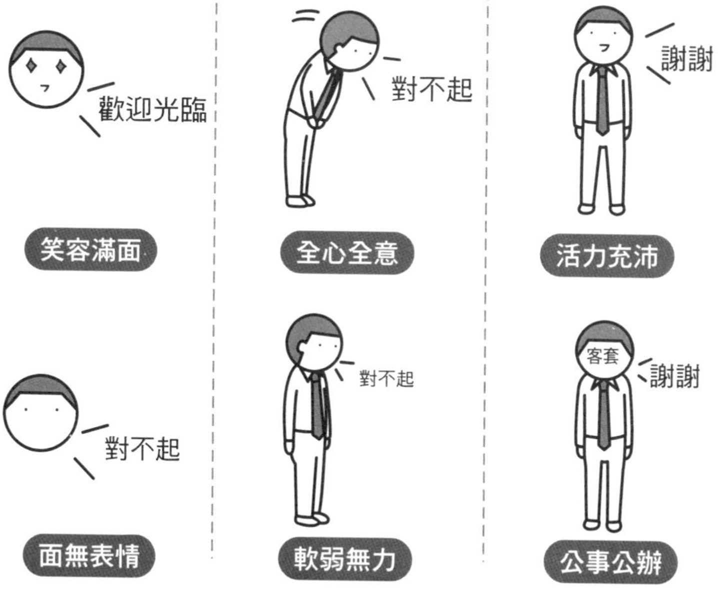
歡迎光臨
笑容滿面
對不起
全心全意
謝謝
活力充沛
對不起
面無表情
對不起
軟弱無力
客套
謝謝
公事公辦

常語塞，聽眾還是會漸漸被他的節奏牽引。我的業務員朋友A先生，曾經告訴我：「我打開辦公室的門，爽朗地說聲『您好！』就像花朵瞬間綻放一樣。原本坐在電腦前，悄然無聲的員工們，一見到我笑吟吟地走進來，氣氛就立刻改變了。」

「聽」與「說」都是直接與眼前的對象交談，請運用全身的肢體語言來表達，你所說的話才會讓人印象深刻。

Keyword

想說動眼前的對象，一定要借助「肢體語言」的力量。

面帶微笑，最有效的溝通

20

無論對方原本說得多起勁，一旦表情變黯淡，就會使聽的人產生警戒。因為表情會反映一個人的心情，說話者也會針對你的表情而做出反應。

開朗的表情、微笑可以緩和緊張氣氛，順利傳達自己的想法。

成功者的共通點──「面帶微笑」

我所熟識的傑出菁英們，總是笑容可掬；尤其在重要時刻，他們必定會以微笑示人。當別人拜託你幫忙，並露出和藹的笑容時，你多半無法婉拒，只能順從的接受。

俗話說「相由心生」，燦爛的笑容必然是源自於從容的內心。

◆「微笑」，必須時常練習

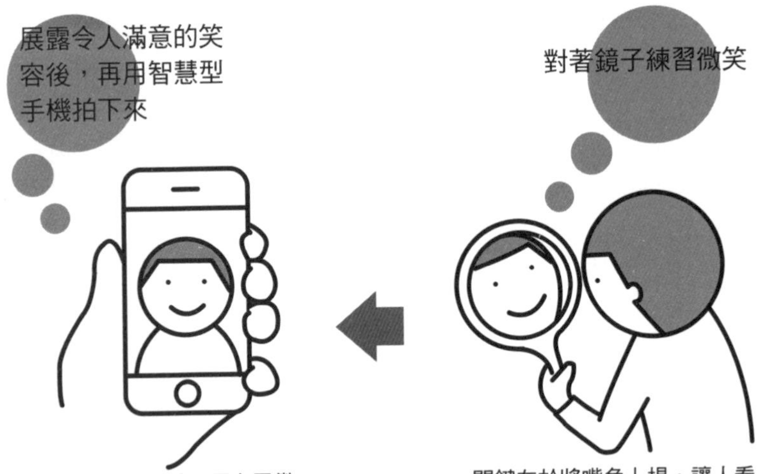
展露令人滿意的笑容後，再用智慧型手機拍下來
對著鏡子練習微笑

拜訪客戶前，先看一下自己微笑的照片

關鍵在於將嘴角上揚，讓人看見你的牙齒

若是內心緊繃、有許多掛慮，不可能會有燦爛的笑容。不過，我們不可能隨時都心有餘裕。因此，到底要怎麼做才好呢？

面帶笑容，扭轉低落情緒

即使必須強迫自己，也得硬擠出笑容，在舉手投足間表現出開朗的樣子。當我們遇到不順心的事，很容易心浮氣躁、眉頭深鎖，露出一臉凶相。更何況，只要有一個人擺臭臉、神情陰鬱，就會散播出

◆保持熱情，心情也會變開朗

★關鍵時刻，一定要面帶笑容

去，使四周的空氣變得死氣沉沉，影響心情。不妨精神飽滿地大聲說：「早安！」表現出開朗的樣子吧！

同事：「早安！今天很早耶！有好事發生嗎？」

自己：「我想說早點出門，說不定會遇上好事。」

這樣一來，就能自然地面帶微笑，與同事閒話家常。

我有位女性朋友某天被主管嚴厲斥

責後，怒氣沖沖地回家。然而隔天早晨，她卻精神飽滿地大聲說「早安！」並對主管說：「課長，您罵我就證明您很看好我，對吧？」話一說完，她便展露出無與倫比的笑容。

據說，她的課長事後向親近的朋友透露：「那句話讓我對她完全改觀。」**在重要時刻露出微笑，也能幫助轉換心情。**

總是嘴角往下垂？還是常露齒微笑？你是屬於哪一種呢？

Keyword

從今天起，身體力行「微笑運動」吧！

21 看著對方眼睛說話，是一種禮貌

目光相接的瞬間會心跳加速，看著對方說話時，一開始的那瞬間最重要；此時若移開視線，會使對方不知所措，若因此錯失交談的契機，陷入沉默狀態，之後就算開始談話，多半也會斷斷續續，感覺不太對勁。

人們之所以會避開視線，是因為害怕、不安、缺乏自信、嫌惡等心理作用，對方也會感覺到，懷疑「**他是否有不可告人的事？**」而加以提防。

若某人時常在視線即將與別人交會時便立刻閃避，會讓對方產生「**他很沒自信**」的想法，也無法建立良好關係。

人們通常會在相遇的幾秒鐘內，不經意地觀察對方；此時若視線朝下或移開，便無法仔細觀察，了解對方的為人。

◆「四目相對」交談時，該注視哪裡？

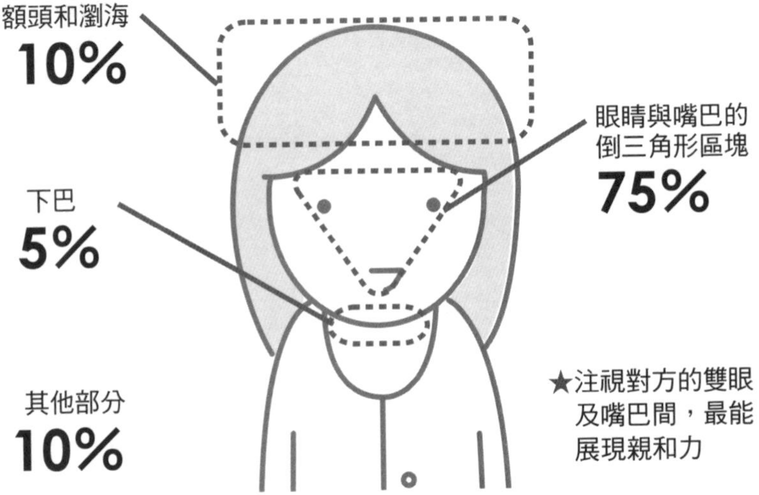
額頭和瀏海
10%
眼睛與嘴巴的
倒三角形區塊
75%
下巴
5%
其他部分
10%
★注視對方的雙眼及嘴巴間，最能展現親和力

四目相對的「一瞬間」很重要

也有人表示：「我因為害怕，所以不敢直視對方。」事實上，正是由於不敢直視，才會有許多「不了解」，進而感到害怕。

例如，在上班途中巧遇部長，當視線一交會，便順勢打招呼，向對方說「早安」，再繼續交談——這件事看似簡單，實際遇到時，許多人總會不經意地移開視線。

其實，各位只需要這樣做：

❶目光交會的時間不用長，二～三秒即可。

❷懷抱善意，注視對方的眼睛。

❸注視的時間，要比對方久一點。

對於每天都會碰面的人，請多看他一眼，只需要多看一秒即可。雖然只是區區一秒之差，就能向對方傳達「我想和你好好溝通」的心意。

Keyword

「眼神交會」能讓心意相通，使談話變得更熱絡。

◆用眼睛說話，為自己加分

有什麼不可告人之事
被懷疑
缺乏自信
被看扁
說話時，眼睛看向別處
VS
有親和力
旁人的感覺
穩重可靠
旁人的看法
說話時，一定要看著對方的眼睛

缺乏觀察力，
常會雞同鴨講

掌握對方的內心

「用眼睛說話」的關鍵

眼神交會二～三秒 ＋ 友善注視著對方 ＋ 多看對方兩眼 ＝ 交談愉快

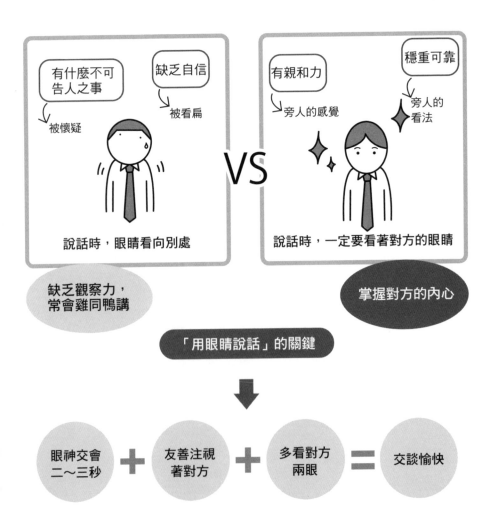

22 場所、環境、距離，決定溝通成敗

面對面溝通時，與對方距離的遠近不同，談話的結果會大不相同。這裡的距離，指的是「物理距離」與「心理距離」，說明如下：

❶ 彼此間的距離

和知心的朋友交談時，請預留手臂伸直後到指尖一帶的空間，這個距離內的範圍，又稱為「個人領域」。

據說，調酒師與客人之間隔著的吧檯距離，正好就是「個人領域」的距離。而與你比鄰而坐的情人，距離則更接近，約五十公分左右。

一開始就與初次見面的對象太過接近，進入到個人領域的範圍，會令人心生反感，覺得你很「厚臉皮」；相反地，與見面多次的對象，若不進入個人領域，則會讓

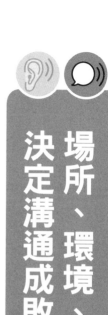

◆用「距離」判斷與對方的熟稔程度

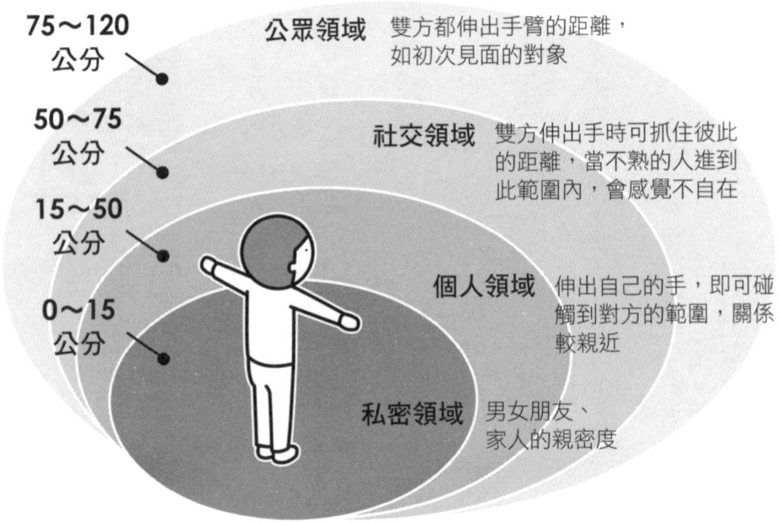
75～120
公分
公眾領域
雙方都伸出手臂的距離，
如初次見面的對象
50～75
公分
社交領域
雙方伸出手時可抓住彼此
的距離，當不熟的人進到
此範圍內，會感覺不自在
15～50
公分
個人領域
伸出自己的手，即可碰
觸到對方的範圍，關係
較親近
0～15
公分
私密領域
男女朋友、
家人的親密度

◆談話時，最適合的三種位置

面對面
正式場合
並肩
熟人之間
斜對面
男女交談時

◆別逼太緊，請保持「安全距離」

不嘮叨、不干涉
雖然出於好意，但不能嘮叨
真是煩死了！
那件事怎麼樣了？何時……
囉哩叭嗦
只提醒對方「重要的事」
稍微提醒對方自己最在意的事
我也該去處理了！
對了，上次那件事你打算怎麼做？
若即若離
常發牢騷、炫耀，喝酒後愛找碴，很惹人厭
又開始了！
上次受到部長誇獎……

人覺得太見外，對於你的「客氣」感到不滿。

因此，依照親疏程度，以「個人領域」的範圍為基準，調整與對方談話時的距離。

❷談話時的位置

意即與人談話時，我們應該站（或坐）在哪個位置較為恰當。

- **面對面**▼正式場合時，多為正面相對；同性之間亦是如此。
- **並肩**▼與熟識的人談話時，並肩坐感覺較親近，比較容易談成事情。若是同為女性的前輩與後輩關係，並肩坐著談話可減少對立感。

• **斜對面**▼若是男女之間的交談，面對面容易給人譴責、抱怨的感覺。稍微斜向錯開而坐，會比較容易交談，對方比較不會心生反感。

❸ 談話地點

請選擇對方容易傾聽自己說話的場所，避開太吵嘈的地方。

Keyword

場所、環境和距離，影響溝通狀況及人際關係。

23 第一印象，決定你的評價

沒有人希望自己給人留下壞印象，儘管如此，還是有不少人的第一印象，讓人覺得很糟糕，進而出現「怎麼有這種人」、「不想再見到他」等埋怨。原因出在哪裡？

❶ 總是擺臉色

某部屬每天來上班時，總是沉著一張臉，以不清不楚的聲音向主管及同事道早安。主管提醒他：「你好歹也說聲早安吧！」不料他仍小聲回答：「我有說啊！」雖然自己一廂情願地認為，但主管卻不這麼想。請把對方的指責，當作認識自己的機會，加以修正吧！

◆初次見面的印象，最重要！

好印象

- 開朗
- 有活力
- 平易近人
- 有節制
- 穩重

↓

安心、信任感，
交談順暢

壞印象

- 很冷淡
- 目中無人
- 愛裝熟
- 左耳進，右耳出
- 心浮氣躁

↓

不安、不信任感，
談話很彆扭

初次見面的印象，永遠不會消失

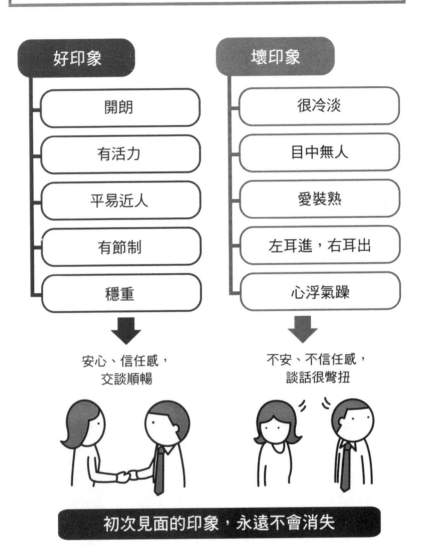

◆做到三件事，初見面就留下好印象

❶表情開朗

表情開朗有活力，好感度自然提升。

❷行禮

抬頭時，動作要緩慢，最後再以溫和的目光注視對方。

❸打招呼

先說「早安」、「您好」，愉快、有精神地打招呼。

❷覺得「印象」不重要

有位業務負責人因行事毛躁，得不到尊重，他私下想：「說話對我而言並不困難，但我始終都接不到案子。」、「怎麼會這樣呢？」、「是不是因為我很浮躁呢？」

他自己似乎也猜中原因了，或許問題就出在他「自認很會說話」的想法。因為他太過自信，滔滔不絕，以致於忽略別人對自己的印象。

再加上他不把「印象好壞」當一回事，也就無意改變自己。因此，認為自己很毛躁的人，請徹底扮演好聽眾的角色。如此一來，態度也會更沉穩。

❸ 過度自信

充滿自信的人，總是深信自己一定能給對方留下好印象。事實上，卻總與本人所想的相反。這種人通常會被認為太過狂妄，風評不佳。謙虛的態度才能留下好印象，尤其是在職場上，「太招搖」、「強迫他人接受」等樹大招風的態度，容易讓人產生警戒心、抗拒感。

Keyword

第一次見面，是決定「印象好壞」的關鍵。留下好印象，談話自然順利。

24 先釋出善意，意見才能被接納

說話時，也要仔細觀察聽眾

「只要我說話，對方就會聽。」——這種想法太過自負，因為人們不見得會隨時注意聽別人說話。「發出信息≠收到信息」，我們必須經過確認後，才能將兩者畫上等號；若未進行確認，很容易發生自己以為已經「說過了」，對方卻認為你「沒說過」的糾紛。

想預防這種情況發生，**首要之務就是「說話前，仔細觀察對方的狀況」**。此時，看清對方當下的狀態，以及該狀態是否有所改變，非常重要。

◆正因意見不同，才要溝通

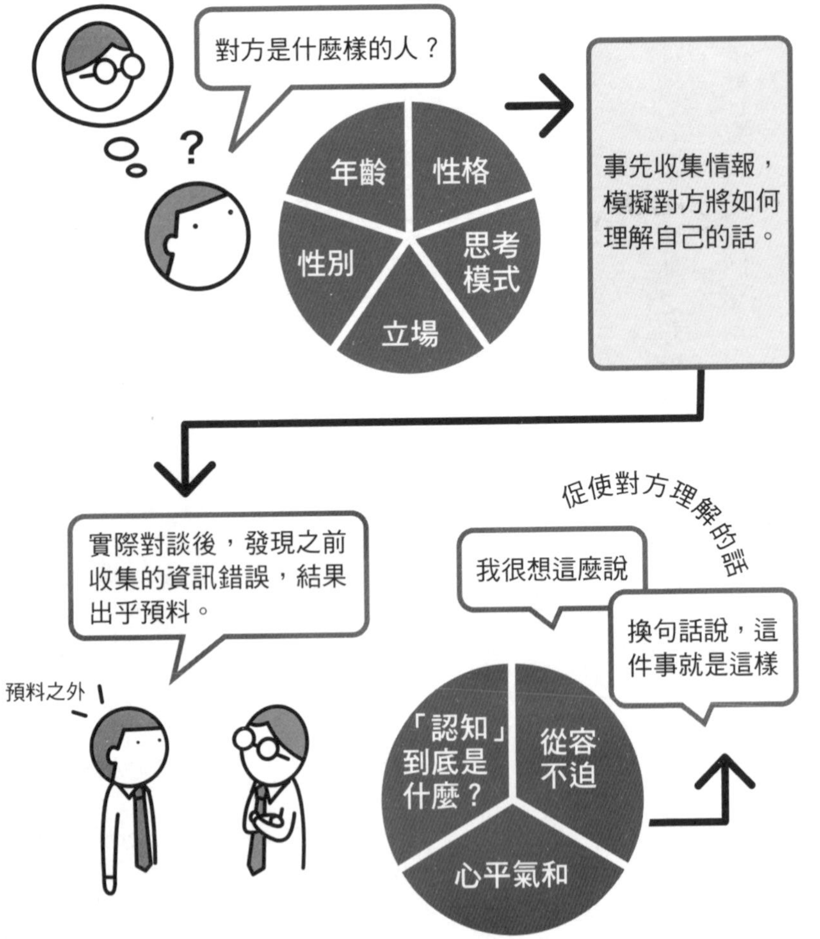

對方是什麼樣的人？
?
年齡
性格
思考模式
立場
性別
事先收集情報，模擬對方將如何理解自己的話。
實際對談後，發現之前收集的資訊錯誤，結果出乎預料。
預料之外
促使對方理解的話
我很想這麼說
換句話說，這件事就是這樣
「認知」到底是什麼？
從容不迫
心平氣和

◆傳話失敗，多是因為心不在焉

★在此時談重要的事，對方也無法正確接收到訊息

意見不同，更要溝通

此外，你說的話有時也會被誤解。「接收訊息≠理解訊息」，「話」雖已傳到對方的大腦，他卻無法立刻理解。

當你提出「我沒說過這種話」、「我不是這樣說」、「為什麼你會這樣想」時，對方也會反駁「你為什麼跟我說這些」，於是引發爭執，彼此懷恨在心，人際關係的糾紛便從此而生。每個人都是不同的個體，無法如願傳達想法是理所當然的。「談話效果由聽眾決定」——我們也可稱之為聽眾的「決定權」。

所謂的溝通，必須在「了解彼此有所不同」後才能展開。**只要你先努力了解不同的意見，對方也會開始試圖理解你的想法，這就是「對話」**。

出現不同的反應、反對意見時，並不會妨礙對話；事實上，正因為有不同的思維和意見，人們才需要溝通。

Keyword

拿出誠意，就能讓自己的意見被正確地接收、理解。

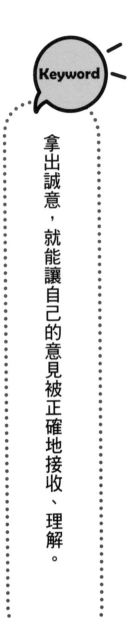

25 不停說教，是溝通失敗的導火線

若想維持「聽」與「說」的平衡，必須讓雙方處於「平等」的關係。因為「上對下」的關係，容易使溝通變成「單向」，讓「對話」失去作用。

高姿態，溝通一定會失敗

擅長溝通的人，會站在與對方同樣的高度，進行對話的「傳接球」；反之，則會使對話停止，讓氣氛變得十分尷尬。例如，年長的主管在午休時間詢問年輕的部屬：

「這三天連假有什麼安排嗎？」

部屬：「沒有耶！」

主管：「有前途的年輕人，怎麼會連續三天待在家裡，無所事事呢？」

如此一來，對話一定會就此打住，主管只得盤起雙手、乾咳幾聲，氣氛也會瞬間凝結，使雙方都很尷尬。因此，我建議各位這麼做：

❶ 不說教，保持同理心

「說教」是指把自己的價值觀強加於別人身上。當主管提到「有前途的年輕人」時，是以「年輕時，別人對自己的期待」這種價值觀為基礎，並非真正站在部屬的立場這樣說。

❷ 與對方站在相同的高度

不要居高臨下，請和對方站在同樣的高度交談。若以前面的例子而言，主管可以走近部屬，輕鬆叫住對方：「明天開始有三天連假耶！」

部屬：「是阿！」

主管：「有什麼計畫嗎？」

請詢問對方容易回答、範圍較廣的問題。除此之外，年輕人與主管、年長者站在同樣高度交談時，請記得使用敬語，如「請」、「您」等，保持禮貌，就能對主管「有話直說」，不怕得罪人。

Keyword

態度高高在上，絕對無法進行良好的溝通。

Column

缺乏溝通力，只能等著被淘汰

「學會溝通」比工作效率更重要

有位男士頭腦清楚、身材佳，運動十項全能。進入職場後，因為學習速度快，又肯吃苦耐勞，不但接二連三學會並完成困難的工作，還擁有相當高水準的表現。

不過，他將效率與能力不及自己的同事，貶損得一文不值，認為「和程度差的人說話，非常浪費時間」。他深信自己比任何人都優秀，絕對不承認別人的優點。其實，因為看不見別人的優點，使他無法與人溝通；因此，他總是與周圍的人格格不入，最後沒人願意理他。

儘管個人能力出類拔萃，但若缺乏賞識、接納他人的能力，就無法與人合作共事，在團體中便無法獲得良好評價。最後，他因徒有能力卻風評不佳，只得離開公司。

沒有溝通力，終將被職場淘汰！

工作能力 ＋ 溝通能力 ＝ 評價

❶ 重視人際關係。
❷ 能輕鬆攀談，尊重對方的意見。
❸ 提升溝通技巧。

Part 4

拿回主導權的15個說話技巧

談判、拒絕、責罵、請託，這樣回話最有效！

26 主動打招呼，建立人脈的第一步

「打招呼」是建立人際關係的第一步；然而，許多人卻忽視它的重要性，不是音量太小，就是一定要等對方先說。

當你看見公司主管、同事或後輩時，請先主動打招呼吧！與其表現出不知所措的樣子，不如先開口問候。

先開口打招呼，不但能使自己的心情舒暢，也能讓原本出於無奈的對方，逐漸以神采奕奕的態度回應你。例如，前一天你與某人發生不愉快，隔天早上向對方打招呼：「早安，我昨天說得太激動了，對不起。」此時，對方應該也會放下堅持，以「我才要向你道歉呢！對不起。」回應。

◆打招呼，人際加分的關鍵

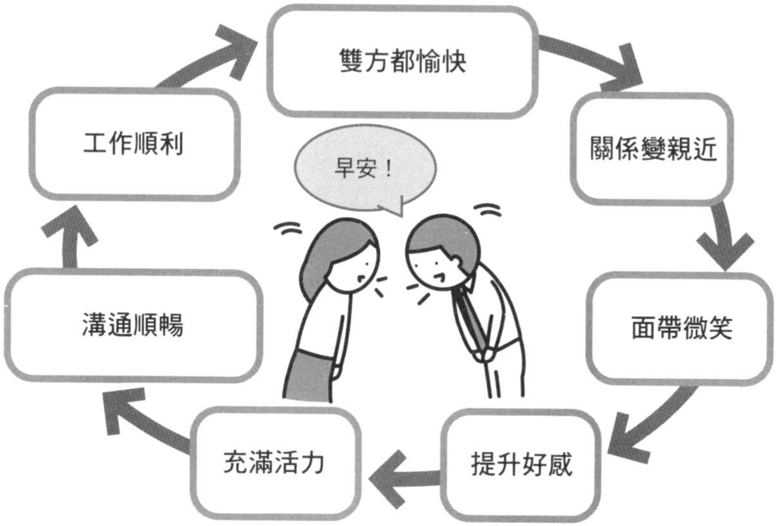
雙方都愉快
關係變親近
面帶微笑
提升好感
充滿活力
溝通順暢
工作順利
早安！

打招呼後的閒聊，最能抓住人心

除此之外，「早安」、「您好」、「我先告辭了」等問候語，也都是常用的句子，方便又實用。不過，如果每次都只說同一句話，會顯得有些沒誠意，若能再加上其他句子，便能輕鬆抓住人心。

舉例來說，傍晚時，到外縣市出差的業務員打電話進辦公室，關心工作事宜。

「我是大明，今天有發生什麼事嗎？」此時，有些人只會回答：「沒什麼特別的事。」也有人會多問一句：「我們這裡下雨了，你那裡的天氣如何？」其實，就算只是一句簡短的關心話，也會讓人倍感親切，想再多聊一聊。

請抱持「興趣」，努力掌握對方關心的事物，唯有如此，你回應的那句話，才能成功抓住對方的心。

Keyword

打招呼後，別了加上一句問候語，拉近彼此關係。

◆出色的問候，這樣說最得體！

❶ 愉快、爽朗、有朝氣

❷ 隨時保持微笑

❸ 主動打招呼

❹ 用「共通點」拉近彼此距離

❺ 建立「存在感」

❻ 「第一句話」決定別人對你的印象

❼ 每天持之以恆，建立信任感

❽ 抓住人心

❾ 拓展人脈

❿ 有禮貌的打招呼、回應，人人都喜歡

「問候」是建立人際關係的第一步。若將之視為形式，就不會放在心上，變成可有可無的互動。因此，請認真看待「打招呼」，並適時加上自己的創意吧！

27 自我介紹要簡短，姓名不能忘

一般人普遍害怕演講；不過，身為社會的一份子，在群眾面前簡明扼要地陳述自我想法，是每個人都應具備的重要技能。

其中，「自我介紹」最符合演講的基本形式。因為職務調動而來到新職場、為新客戶做簡報，或到新單位服務，及其他各種認識新朋友的場合等，首先要做的一定是「自我介紹」。

有時是面對面談話，有時可能是單純的自我介紹，能否在此時留下好印象，對於日後的人際關係影響甚鉅。

自我介紹要簡明扼要，只講重點

想創造深植人心的「第一印象」，自我介紹時，請掌握以下三個要領：

❶打招呼後，請停頓三秒

「大家好」、「第一次和大家見面」、「非常感謝大家在百忙中撥空前來」等，尤其是單獨對談時，一定要注視對方的眼睛，清楚地問候對方。

演講時要環顧全場，清楚地說出第一句話，說完後，請停頓二～三秒鐘，讓聽眾把注意力轉向自己，同時也具有鎮定情緒的效果。

❷告訴對方「全名」

遞出名片，明白告訴對方自己的全名，「我叫程大明」，以便對方能對照你的長相和名片，回應：「程先生您好。」

許多人習慣只告知姓氏，但是，在自我介紹時報上全名，對方的印象會更深刻。

◆演講時，掌握這些「關鍵」很重要

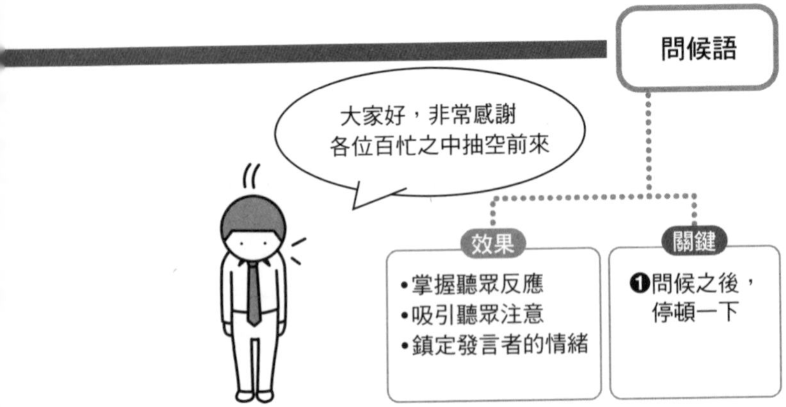
問候語
大家好，非常感謝
各位百忙之中抽空前來
效果
•掌握聽眾反應
•吸引聽眾注意
•鎮定發言者的情緒
關鍵
❶問候之後，
停頓一下

此外，在某些情況下，聽眾很難單憑聲音與文字做連結。因此，請詳細介紹自己的名字，例如：「工程的『程』，『大小』的『大』，『明天』的『明』。」

❸內容要「簡明扼要」

自我介紹時，不妨選一個可以突顯自己特色的內容來介紹。列出一大串經歷，或是加入雜七雜八的資訊，如：出生地、學歷、座右銘、嗜好、家庭成員等內容，容易讓人分散印象，甚至感到厭煩。

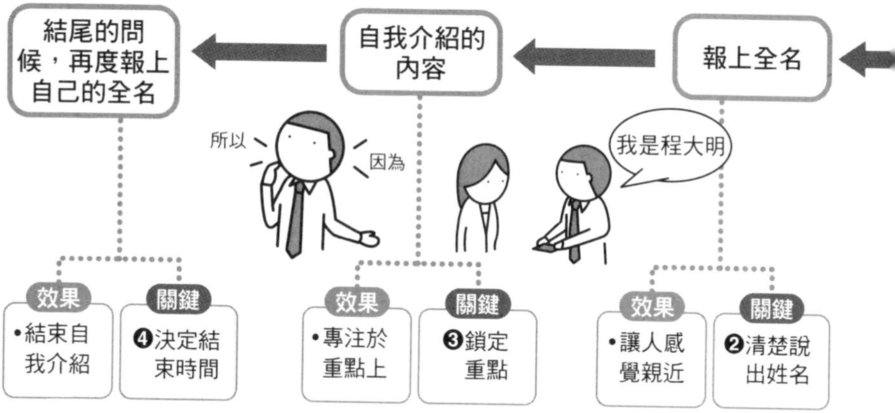
報上全名
我是程大明
效果
•讓人感覺親近
關鍵
❷清楚說出姓名
自我介紹的內容
所以
因為
效果
•專注於重點上
關鍵
❸鎖定重點
結尾的問候，再度報上自己的全名
效果
•結束自我介紹
關鍵
❹決定結束時間

請準備與能力及理想有關的簡短內容，**因為自我介紹就是針對「自己」所做的簡報。**

Keyword

奠定演講的基本功，就從「自我介紹」開始。想留下深刻印象，一定要報上全名。

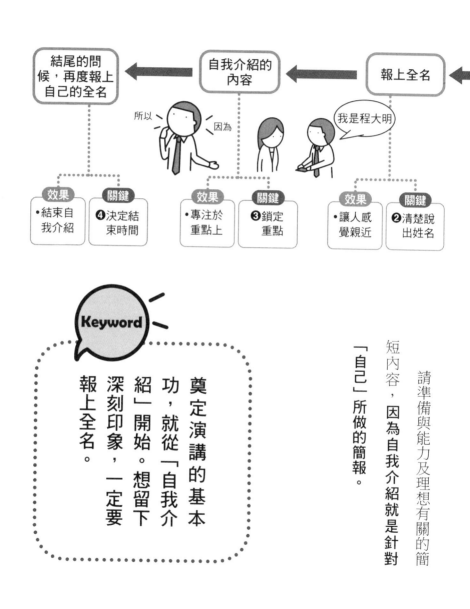

28 冷場時，該如何接話？

談話一旦中斷、出現空白，許多人會不知如何處理並心神不寧。這種時候，據說美國人會打趣地說：「上帝剛剛經過。」接著重啟對話。換做是你，會怎麼做呢？

先別著急，請等待對方開口

第一，不妨等待對方開口。沉默時，會讓人感覺時間過得特別漫長，感覺上有三十秒之久的「漫長沉默」，實際上並未超過十秒鐘。別著急，請等對方開口吧！

等待時，請保持溫和的表情、閒適的態度，偶爾與對方眼神交會；也許對方正在猶豫不決，或是心中有所煩惱，必須拚命思考，才知道該如何表達。

◆冷場時，最好用的十大話題

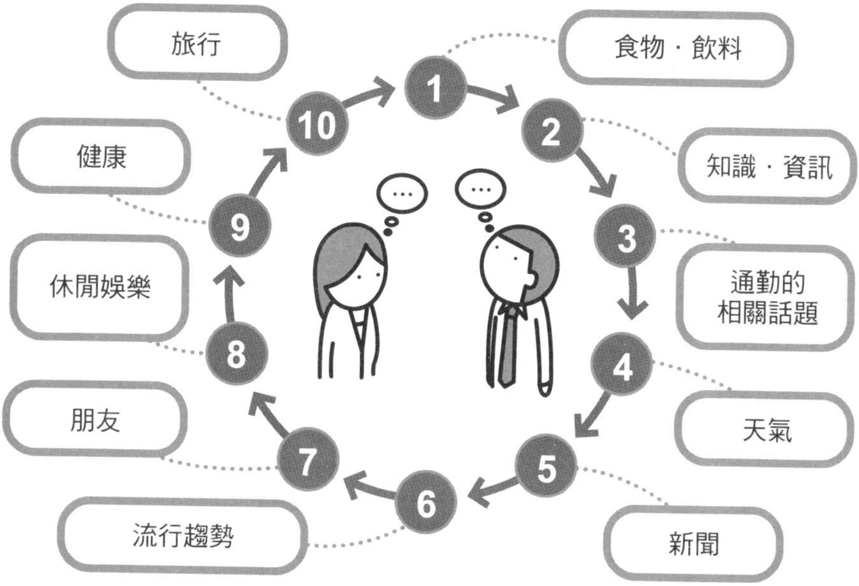

此時，只要傾聽者以淡定的態度等待，對方不久後就會找到話題，繼續說下去。別害怕沉默，為了正在思考的對方著想，請冷靜地等待。

第二，請試著丟出「任何人都感興趣」的話題。如：聊閒話、嗜好、健康等。當你在提供話題時，對方也會產生聯想，便能開口接話：「其實我也……。」上圖已列出任

◆五大冷場狀況，如何化解尷尬？

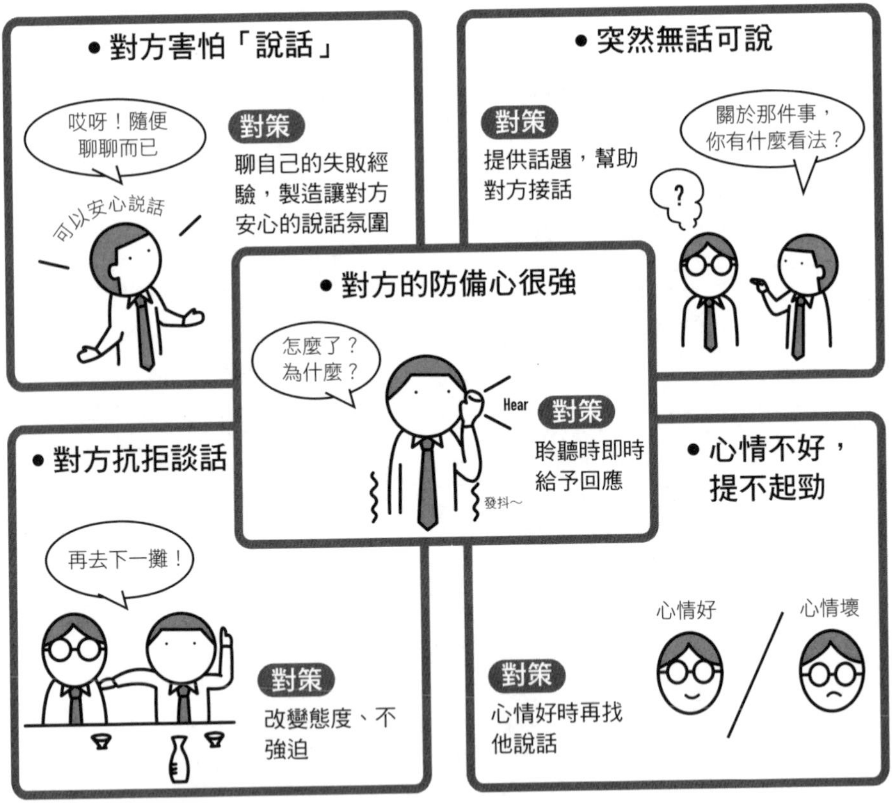

沒有人天生就是「句點王」！
只要想好話題，一定能打破「沉默」。

何人都能聊的「共同話題」，不妨試著融入在自己想講的話中，引起對方的興趣吧！

第三，使用第一、二章介紹的內容，讓話題更豐富。只要對方說出一、兩句話便立刻接住，並隨時記得：

❶ 表情要活力充沛

❷ 注視對方的雙眼

❸ 隨時搭腔附和

請熱情地給予回應，讓談話內容更生動有趣吧！

Keyword

別害怕沉默，冷場時，就以從容自在的態度面對吧！

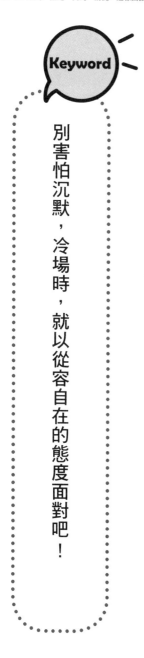

29 初次見面，開場白怎麼說？

初次見面時，彼此都有戒心，會特別留意負面的細節，因此，若想留下好印象，必須多下點工夫。

我們經常看見送貨員在馬路上奔馳，或是迅速上下樓梯的模樣，其目的雖然是提升效率，但也有助於使「俐落的身影」，在客戶心中留下深刻印象。

超級業務員，都用「笑容」開場

美國有位創下金氏世界紀錄的超級業務員——法蘭克．貝特格，據說他進入客戶的房子時，會在心中默想「拜這位客戶所賜，公司和我都能繁榮興旺」並同時感謝上

◆用對方「關心的事」，開啟話題

帝。接著，他便自然而然地展露笑容，並在笑容消失前，出現在客戶面前。

對初次見面的客戶而言，貝特格那發自內心的爽朗笑容，是安心感的來源，並感覺很親切。因此，讓貝特格創下銷售紀錄的關鍵，就是「笑容」。

活力充沛的積極態度，能留下好印象，而「笑容」更具有敞開對方心房的力量。

◆卸下對方心防，這樣做最有效！

❶事先收集資訊 → **❷當場觀察** → **❸慢慢展現**

❶事先收集資訊	❷當場觀察	❸慢慢展現
什麼樣的人？	模樣如何？	打造「好印象」
●嗜好為何？ ●年齡多大？ ●有哪些工作上的問題？ ●在公司擔任的職務？	●他很忙碌嗎？ ●健康狀態如何？ ●臉色如何？ ●心情是否沮喪？	●隨時面帶笑容 ●動作俐落、有活力 ●有禮貌 ●聊對方關心的事

話題要有「吸引力」，打開對方的話匣子

以「登門推銷」的情境而言，若彼此是初次見面，對方一定會有所防備，表現出拒絕的態度。此時若聊到對方關心的話題，便可能使他心動。

例如，對年紀大的長輩說：「您的孫子……」，對剛買新車的年輕人說：「買了一輛不錯的車子哩！」若是熱衷於釣魚的人，只要說一句：「您曬黑了！是去哪裡玩嗎？」對方就會忍

不住回應：「你對釣魚有興趣嗎？」

重點在於觀察對方及周遭環境，洞察他關心的事。

我有位朋友曾去見一位素昧平生的人，當他被帶到會客室後，直到對方出現為止，他始終沒坐下；正當他一會兒看著牆上的畫作，一會兒觀賞插花作品時，對方走了進來。

看見他站著觀賞畫作，對方剎時感到疑惑。接著心想：「他真有禮貌，難道要等我請他坐下，他才肯坐嗎？」就在此時，我的朋友率先開口說：「一幅畫就能讓人心靈平靜。」這句話肯定能讓初次見面的對象產生莫大的好感。

Keyword

善用「爽朗笑容」和「對方關心的話題」，就算初次見面，也能博得好感。

30 意見不同時，請先說「不好意思」

許多人認為，說出與對方不同的意見，是很困難的一件事。事實上，表達意見時，不只是表面上的配合，還必須具備應付反彈和阻力的能力。

「希望你想到什麼就說什麼，千萬別客氣。」不過，沒有人會因為主管這樣說，就毫不客氣地說出真正想法。因為，「說出來肯定會被盯」——這種想法是人之常情，而「反對的聲音固然重要，但是意見被反駁，實在很掃興」才是多數人的真心話。因此，如何善用表達方式，避免引起失望情緒，是很重要的課題。

假如劈頭就說「我反對」、「你說的話很奇怪」、「就是因為你這樣想才會失敗」，這就像在傷口上撒鹽，對方一定會強烈反彈。

請以肯定的方式表達，**發自內心承認對方的想法，也是一種「意見」**。

◆想反駁時，怎麼說最好？

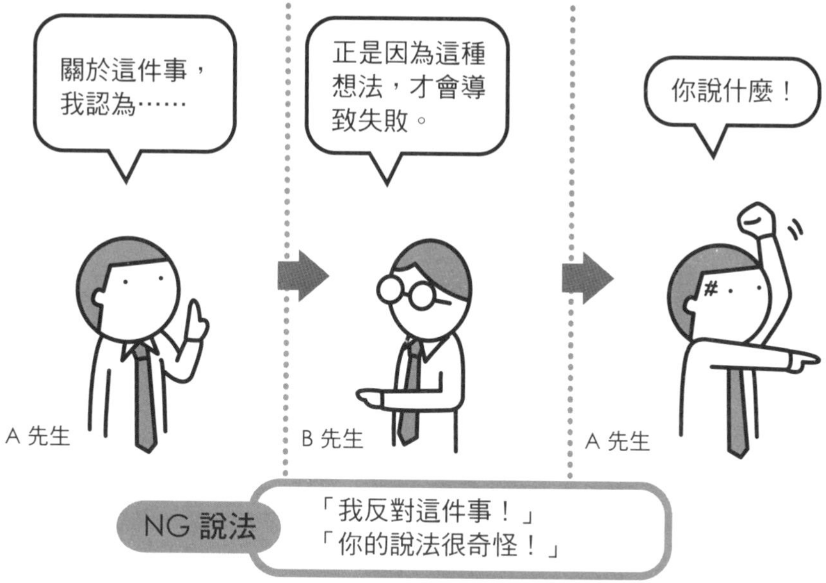
關於這件事，我認為……
正是因為這種想法，才會導致失敗。
你說什麼！
A 先生
B 先生
A 先生
NG 說法
「我反對這件事！」
「你的說法很奇怪！」

「嗯，原來如此。」請先接受對方的意見，提醒對方思考上的盲點：「不過，依你的想法做，可能會發生這個問題，到時你打算怎麼處理呢？」接著再陳述自己的意見，就能將對方失望的情緒控制在最小值。

即使是難以啟齒的話題，有些人也毫不客氣地說出口、在會議中不顧一切地發言；仔細觀察就會發現，他們看似直率地說出想說的話，其實並非全無考慮。

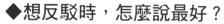

放低身段，反對意見也能被接受

例如，「無視您這位專家的看法，我也覺得不太好，但是『當說則說』向來是我的原則，所以請容我表達意見。」不妨泰然自若地開場，緩和對方的不滿。

當你向主管陳述反對意見時，不妨先說：「您或許覺得我很自大，但是不好意思，請容我說一句。」巧妙地使用左頁的十句話，就能緩和緊張的氣氛。

Keyword

反對意見一定帶有風險，請使用將風險控制在最小限度的說法，緩和氣氛。

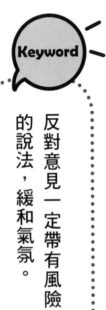

◆善用十句話，再也不怕得罪人

談論難以啟齒的話題，及想「軟化對方」時，可善用這十句話。

不好意思，請讓我說句話	假如我誤會了，請原諒我	我實在很慚愧
或許我說的話大同小異	無視於您的存在，我很抱歉	也許我這麼說有點自大
請別生氣，我不是想指責您	我與您的意見不同	如果聽起來有點自大，真的很抱歉

31 反擊的智慧是，先冷靜再回話

如果某人對你說出令人生氣的話，你該怎麼反應呢？

❶ 默默忍耐。

❷ 馬上發飆，攻擊對方。

❸ 先深呼吸，從不同的角度還擊。

長期默默忍耐不但很傷身，同時也會被對方看不起。一旦按捺不住，就會馬上發飆，使事情一發不可收拾。

世界上就是有人喜歡說話帶刺、故意激怒別人，我們不需忍耐這種人的不當發

◆被攻擊時，這樣還擊吧！

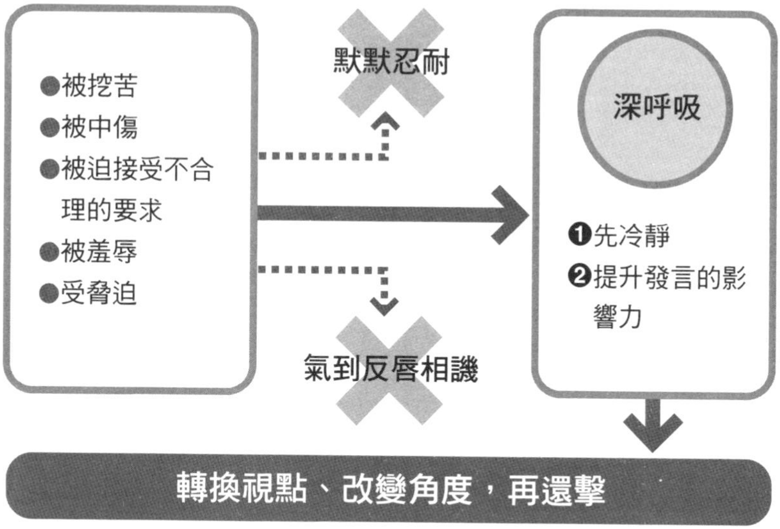
●被挖苦
●被中傷
●被迫接受不合理的要求
●被羞辱
●受脅迫
默默忍耐
氣到反唇相譏
深呼吸
❶先冷靜
❷提升發言的影響力
轉換視點、改變角度，再還擊

言。因此，應該予以反擊，絕對不要保持沉默。

此時的必殺技就是**「❸先深呼吸，從不同的角度還擊」**。這麼做的目的並不在於駁倒對方，而是從對方意想不到的角度回擊，讓他感受到「原來你也有一手」。

深呼吸後，換個角度再回話

已故的前任華盛頓郵報發行人凱薩琳・葛蘭姆女士，為了保護新

◆如何漂亮反擊？先冷靜再回話

1
看到晚輩就忍不住調侃對方的 A 先生，不懷好意地笑著走近。
嗨！
2
這家店感覺不錯，所以我放了一瓶酒在店裡。
3
那瓶酒的名字叫「青椒」。很有趣吧！你覺得呢？
4
要是不小心說錯話……
你不會是想說我「腦袋空空」吧？
只會被他這樣調侃。
5
雖然保持沉默，結果也一樣。
幹嘛不說話？你是想說我的腦袋像青椒，是吧？
6
到底該如何回應他？
7
不是這樣解釋的。
是嗎？那要怎麼解釋？
8
WHITE PAPER
表示前輩面對事情時，像一張白紙。沒有先入為主的觀念，頭腦很靈活。
9
你解釋得真好，我認輸了！

聞自由，曾遭到無數次中傷、恐嚇，然而她從不屈服，即使承受極大壓力，也會適時漂亮反擊，令對方心服口服。

據說戈巴契夫擔任蘇聯總統時，蘇聯曾強烈要求華盛頓郵報刪除記者會的某部分內容。當時，葛蘭姆女士表示：「若是美國總統提出這種要求，我一定會拒絕。」這時她換口氣，接著說：「所以，蘇聯總統提出這種要求，我也是照樣拒絕。」

請先深呼吸，轉換視角，就是幫你成功「反擊」的祕訣。

Keyword

聰明的反擊，是先學會控制情緒再回話。

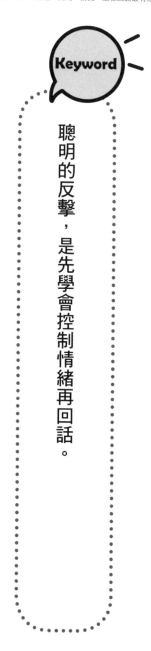

32 說明的順序：過去、現在、未來

把話說得簡單明瞭，是說話者的責任。所謂的「說明」，就是把自己了解的事情，說得讓原本不懂的人理解。或許你覺得這並不困難，但在此過程中，卻已包含了「說明技巧」的兩項大前提，如下：

第一，自己是否充分理解要說明的事情。說明時，讓人難以理解的原因之一，就是說明者本身並未了解透徹；甚至會發生自認為理解，但卻越說越糊塗的狀況。因此，在說明前，自己一定要先充分理解，這是最基本的前提。

第二，掌握對方的理解度。若同為專家，使用「專業術語」說明會較好理解；但若是專家對外行人說明時，就要使用對方聽得懂的詞彙。各位必須依據對方理解的程度，調整說明的方式。

◆依對方的「理解度」說明

1　你真的懂嗎？

自認為「我懂了」的想法，很危險。

試著自問自答：
❶解釋詞語的定義，思考「〇〇的意思」。
❷練習舉例，說出「例如？」
❸提出理由，反問自己「為什麼需要？」

實際練習，找朋友對話，檢查自己理解的程度。

2　對方理解多少？

對已經懂的人說得太詳細，反而會讓對方難以理解。

說明時，先問對方：「你知道〇〇嗎？」確認對方了解多少。

事前請先仔細調查，對方到底理解了多少。

◆做到十件事，避免「雞同鴨講」

❶ 根據對方的程度，用他能理解的方式說明。
❷ 邊說邊確認對方的反應。
❸ 先說自己的想法，再進一步說明理由與依據。
❹ 想讓對方理解某件事的做法，請先示範再說明理由。
❺ 針對部分內容說明時，要與整體做連結。
❻ 運用例子、比喻來說明。
❼ 想讓對方了解特徵時，可用「對比」做說明。
❽ 內容簡潔，不要說太多。
❾ 不要漏掉「關鍵字」。
❿ 將「專業術語」換成「日常用語」，使用對方能懂的詞彙。

說話要有條理，順序絕不能亂

「理解」就是掌握連結、關係。假如能先說明當下談論的事，與其他事情或整體事件有何關聯，就會使聽者較容易理解。因此，**不妨採取先介紹全體、再說明部分的方式。**

日常聊天時，常講到一半時就中斷，或是突然冒出意想不到的話題。然而，「說明」的用意在於「讓人容易理解」，因此必須按照順序說。一旦順序顛倒，就會不合邏輯、難以理解。只要按照過去、現在、未來的時間順序，說明事物的變遷，就能提升聽眾理解的程度。

Keyword

「說明」就是將「不理解」變成「理解」的溝通過程。

33 穿插成功畫面，有效說服各種人

說明結束後，對方就算理解，也不一定會馬上採取行動；因為「理解」與「行動」之間，往往還有一段距離。

對方也許會表示：「你說的我都懂，但我就是提不起勁。」所謂提不起勁，多半就是「沒有動心」。因此，**若想讓理解和行動產生連結，就必須打動對方的心。**

說明自己的要求時，若一直嘮叨不休，對方的心中就會產生反彈、疏離感。一句命中要害、準確掌握核心的話，會讓語言產生力量，促使對方認同自己，進而有所行動。因此，請養成仔細斟酌發言內容的習慣，假如說話時總是不假思索，或常被情緒牽著鼻子走、單方面嘮叨，絕對無法說服人。

此外，萬一找不到詞彙、結巴或詞窮時，有一種方法十分管用，就是以「諺語」

◆四個步驟，說服各種人

Step 1 仔細傾聽對方說話。

Step 2 思考問題的核心是什麼？

Step 3 多用心研究。

Step 4 說出自己的想法。

來表達己意。例如，說話對象是對智慧型手機敬而遠之的年長者時，不妨告訴對方「**別擔心，一回生，二回熟**」。

充滿人生智慧的諺語，只要使用得當，就算是短短一句話，也能發揮說動人心的力量。

說服就是，讓對方想像「成功的畫面」

這是一個讓人可以浮現具體想像、打動人心的例子。經常在電視

◆請求協助時，先引導再商量

強硬、施壓，向對方說教
我懂你的意思，可是我不想幫忙。
我有點忙耶！
拜託你。
Busy
強硬且不容反駁的說明
商量、誘導，使對方開始想像
我明白你的意思了，很樂意幫忙！
沒問題！
拜託你。
OK
放低身段的「商量式說明」

上發表意見的張本勳先生，是日本職棒界生涯打擊率三成、首屈一指的強打者，這是他退休後擔任打擊教練時的小故事。

他剛就任某隊的打擊教練不久，第四棒打者便一直在低潮中苦苦掙扎。四周的人也不斷勸他「放輕鬆」，但卻毫無效果；此時，新上任的張本教練，便把走進打擊區的他叫過來，在他耳邊說：「你就想像是在打擊區上廁所吧！」

選手一聽到時心想：「教練

在說什麼蠢話！」但是腦中卻慢慢浮現自己站著上廁所的模樣，頓時輕鬆了起來，之後更大膽對一顆略微偏高的球揮棒，結果擊出全壘打。

由此可知，**「想像」具有打動人心的力量**。

「比喻」和「想像」都具有觸動人類直覺感受、使人產生動力的力量。平時若能預存一些例子或比喻，在需要說服的場面上，就能發揮意想不到的功用。

Keyword

說動人心的祕訣，就是引導對方主動產生「意願」。

34 請託時，最忌客套、說場面話

很難開口請求協助的人，往往會接下一大堆工作，讓自己非常忙碌。為什麼會不擅長拜託別人幫忙呢？

首要原因之一就是「太客氣」。你是否認為請人幫忙，就是增加別人負擔的行為，因而有所顧慮，所以常常這樣說：

「如果不方便也沒關係。」

「我沒有勉強你喔！」

若使用這兩種說法，對方大概會以「我現在很忙」為由，立刻拒絕你。

第二個原因則是害怕被拒絕。不過，既然是請人幫忙，對方拒絕是理所當然的。

明知對方很勉強，還是得懇求他幫忙——這種情況難免會發生。自尊心強、無法低頭拜託別人，其實是因為害怕遭到對方拒絕，使自尊心受創。

表達你的「期待」，對方會樂意幫忙

請託時，若站在受託者的立場思考，也會感受到「原來別人很依賴我」。若以此想法為出發點，只要請託者表達出「我就指望你了」，這種對受託者的期待感，對方多半會欣然答應。例如：

「前輩能幫我出主意嗎？」

「我知道您很忙，但還是來拜託您幫忙。」

當後生晚輩這樣拜託自己，很少人會不高興。

◆這樣說，讓對方「一口答應」！

1
那件事
能拜託誰呢？
A 前輩好嗎？
不要隨便尋求幫助，先想清楚再行動。

2
是前輩嗎？
不知道您下週一
有空嗎？
請確認對方是否有餘裕幫忙。

3
寄電子郵件跟前輩
說，應該就行了！
MAIL
拜託別人幫忙重要的事時，請務必再透過電話或口頭確認。

4
這種重要
的事怎麼
沒先說！
抱歉，突然
要拜託您
若事關重大，一定要提前告知對方。

5
慘了，要
遲到了！
拜訪對方時，要比約定時間早5～6分鐘到達。

6
什麼！？
NO!
我拒絕！
被拒絕是難免的，不要害怕。

7
請前輩務必助
我一臂之力。
拜託別人時，表現出對
於對方的「期待」。
8
我只能拜託前輩了！
請您務必幫忙！
緊要關頭時，請向對方
示好、說真心話。
9
Point
總而言之
就是這樣
開場白不必太冗長，
有話請直說。
10
那就拜託您了！
堅定
客氣、沒自信、裝模
作樣，都是請託時的
禁忌。

「真是傷腦筋的傢伙。」雖然嘴上這麼說，但是對方臉上卻會浮現「感覺不錯」的模樣——這便是因為他感受到你對他的期待。

Keyword

只要表達出「就靠你了」的想法，對方便會樂意出手相助。

35 拒絕時，先道歉再說理由

承接一堆工作的另一種類型，就是無法拒絕別人請託的人。對方難得找你幫忙，也是因為他對你有所期待；因此，我也能理解這種「無法拒絕」的心情。話雖如此，但若勉強答應，重擔便會壓在身上，假使最後自己也束手無策，仍會造成對方困擾。因此，請記住兩件事。

第一，明確拒絕。假如向對方說「我會考慮考慮」、「若可以就會去」、「我雖然想幫忙……」這種模稜兩可的回答，會讓對方以為，只要你情況允許就有可能答應，進而理解成「YES」。

第二，對於自己辜負對方的期待致歉。例如向對方說「真的很抱歉」、「難得你請我幫忙，真對不起」。請使用顧及對方心情的拒絕法，假如太過冷淡地拒絕，對方

◆四種最有效的「拒絕法」

拒當保證人
我家的家規是絕對不能當保人，所以⋯⋯。
家訓
婉拒相親
我配不上人家。
拒絕推銷
不好意思，我弟弟在〇〇報社上班，規定一定要訂〇〇報。
想掛斷電話
哎呀，對不起！因為我話太多，不小心講了這麼久，那就先這樣囉！

也會感到不快。

接著，我要進一步針對「理由」和「情況」來說明。「拒絕」也是「說服」的一種（反向說服），因此我們必須讓對方心悅誠服。為了避免傷害對方，還是需要下點工夫。

善用「拒絕情境」，不開口也能達到目的

假使一起喝酒的前輩邀你「再去下一家」，你覺得自己很難開口

◆拒絕時，一定要說明理由

道歉

○非常抱歉
○讓您失望了，對不起
○難得您找我幫忙，真抱歉
○我覺得非常遺憾
○請您原諒

說明理由

○如果您早點說，可能還有辦法
○很遺憾，假如是一小時之前絕對沒問題
○如您所見，我現在忙得不可開交
○我剛開始新工作，沒有餘力
○因為公司的方針，這次無法答應
○因為家規，所以不允許
○我現在想專心在工作上（用於相親等請託）

說出「今晚就到此為止」，並且認為就算這樣說，前輩也會回答「有什麼關係，再喝點」堅持要去。

各位不妨這樣做：若感覺可能有人邀你續攤時，請起身去廁所，並藉著從廁所回來的機會，向前輩表明「部長，今晚我就此先告辭，因為我太太身體不太舒服」等，製造容易拒絕的情境。

此外，對於緊緊相逼的

人，請和對方保持距離，故意表現出冷淡的樣子。**透過改變態度，讓對方感覺到你和往常不一樣——這招就是「無言的拒絕」**。

不過，假如全部推辭，也會漸漸失去大家的信賴。在能力所及的範圍內，請答應別人的請託。即使沒能力幫忙，也要提出替代方案，如：

「如果你不介意，我可以幫忙介紹其他人來協助。」

「這次沒辦法，但下星期就可以幫忙。」

請展現出誠意，就能避免對方不悅，在不傷害彼此的情況下拒絕，這也是成為說話高手的條件之一。

Keyword

拒絕時，請立場堅定，不傷害對方。

36 責備要簡短爽快，勿冗長

沒有人喜歡責備他人，也沒有人喜歡被責備；因為被指出缺點時，一定會感到不舒服，有時甚至還會因為責備方式而使心理受創。

不過，每個人都有缺點、都會犯錯。人們就是在錯誤中學習、成長；因此，當我們犯錯或失敗時，確實需要有人來責備我們。所以，我們不能對不如己意的人生氣，怪罪斥責或攻擊對方。

因為這些不過是「洩憤」的行為，「責備」的目的是要指出對方的錯誤，敦促他改正。「洩憤」無法導正對方的錯誤，更無法成為幫助對方成長的養分。

溫和而坦率地指出錯誤，比較不會使被責備的一方心生反彈，而能平靜地把話聽進去。所以責備時，各位必須先想清楚這點，拿捏適當的分寸。

◆「責備」，是成功的捷徑

如果沒人責備你
對錯誤和失敗失去知覺，就算發現缺點，也會因為缺乏緊張感而縱容自己。

責備別人時的心情
我也有很多缺點，沒資格罵人
缺點
缺點
缺點
懷著這種心情責備，十分重要。一旦忘記這點，便會遭受質疑。

正如突然做劇烈運動會傷身體，我們必須先暖身；飛機起飛前也需要滑行做好預備。同理，若想讓人吞下「責備」這帖苦藥，強迫對方「一口吞下」是絕不可能的，不妨這樣做：

●先讚美，再指出缺點

「你每次都很快地完成工作，幫我很大的忙。」說完這句開場白之後，再接著責備：「只是，如果不改一改你那粗心的毛病，會很麻煩。」

◆這樣責備，效果最好

一、心懷歉意，態度不狂妄。
二、讓對方做好接受的準備。
三、針對錯誤，不針對人。
四、仔細傾聽，確認事實。
五、清楚自己想責備的事。
六、原則上是一對一，避免當眾責備。
七、不要一次責備太多事。
八、嚴厲責備後，別忘了後續追蹤。
九、若要比較，請和對方本人比較。
十、責備完畢，請收起臭臉。

●先說出事實，再請對方解釋

「又遲到？你不要太過分！」

在你這樣責備前，先告訴他事實：「這是你本月第三次遲到了。」再聽對方解釋，預先蘊釀自己容易接受的情境。

●責備時，留意語調、用字

若以陰鬱的語調，說著對方不喜歡聽的話，且內容十分冗長，結果並不難預測。

例如，放置於某銀行提款機旁，用來裝鈔票的信封袋用完了，客人打電話來抱怨，於是該銀行負責人在隔天的朝會上，對年輕行員說了以下這番話：「感謝各位一直以來的辛勞。不過，提款機旁的信封袋一用完，隨即有客人打電話來抱怨。因此，請大家平時就要注意，信封袋減少時就要趕快補充。」

銀行負責人以開朗的語調，爽快提醒部屬的責備方式令人激賞。巧妙的責備，也可以深化人際關係。

Keyword

責備，也是職場上絕對必要的一種溝通。

37 當下誇讚對方，最忌虛情恭維

有人認為「讚美」比「責備」簡單，但嘴上的「恭維」與「讚美」是兩回事。打從心底發出的讚美，任何人聽了都會很開心，具有打動人心的力量。

不過，由衷為別人的成功和長處高興，並將之化為言語，其實並不容易；因為人類往往會心生嫉妒，很難發自內心讚美他人。

此外，我們很容易發現別人的缺點和短處，相反地，想發掘一個人的長處卻很困難，尤其是每天碰面的人，即使對方十分優秀，有時看起來也不過是個有許多缺點的普通人。

所以，必須刻意尋找優點，而非等待自然發掘，這就是「讚美」的困難處。想要

◆真心讚美，絕不虛情假意

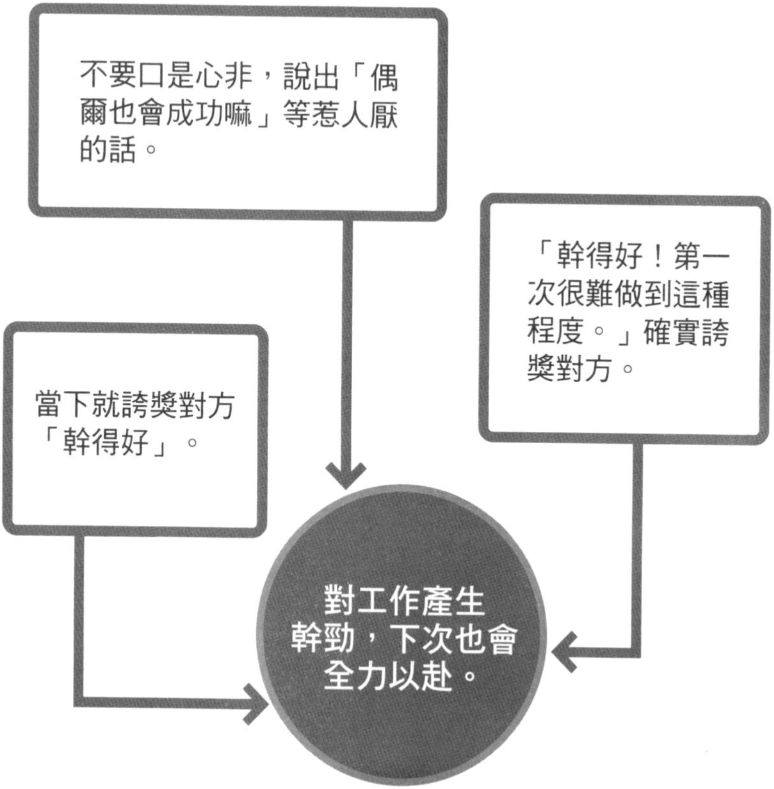
不要口是心非，說出「偶爾也會成功嘛」等惹人厭的話。
當下就誇獎對方「幹得好」。
「幹得好！第一次很難做到這種程度。」確實誇獎對方。
對工作產生幹勁，下次也會全力以赴。

NG

- 「嘴巴貶損，內心讚賞」已不適用於現代社會。
- 錯過讚美時機，會顯得像在放馬後炮。

◆這樣做，成為讚美高手

一、注意對方的長處。
二、不害羞，發自內心讚美。
三、搭配具體說明，勿含糊籠統。
四、對方有好表現時，立刻讚美。
五、實踐很可貴，一定要讚美服從規定者。
六、改變視角，讚美對方的缺點。
七、除了結果，也要讚美過程。
八、透過第三者的讚美，讓喜悅更加倍。
九、利用電話、便條，提升效果。
十、讚美後，請訂出下個目標。

發掘一個人的長處，不妨留心以下三件事：

❶不拿自己當標準

無論經驗、能力，主管若都以自己為標準評斷別人，即使對方做得很好，大概也只覺得「還有進步空間」。請以對方本身為標準，只要比以前進步，就可以誇獎他「最近表現不錯」。

❷把「短處」當長處

只要改變看法，短處也能成為長處。有位男性職員因為不拘小節、做事不太周到，因而招致惡評。然而，主管卻認為他的缺點其實正是優點，因為他具有大膽的一面；於是主管便誇獎他這個特質，派他上門推銷，沒想到他毫不畏縮，最後獲得好成績。

❸讚美「理所當然」的事

有位女性總是爽朗地打招呼，也許這是理所當然的，但是，最近有不少人連基本的打招呼都省略了，因此，能夠爽朗地打招呼也是一種長處，相當值得肯定。

Keyword

抓對時機，發現對方的優點時，要馬上讚美。

38 臨時上台演講，怎麼說最好？

能面對面交談，卻非常害怕在大眾面前發言，這樣的人不在少數。有的人緊張得說不出話，也有人會講得支離破碎。

只要敢在大眾面前說話，就能產生自信，培養出積極的態度。即席演講一點也不困難，只要實踐以下三件事，任何人都可以在短時間內，成為演講高手。包括：

❶ 累積在大眾面前說話的機會

不逃避，盡可能增加在大眾面前說話的機會。演講次數越多，「緊張」便會減少，漸漸就能習慣在大眾面前說話，變得「熟能生巧」。

❷ 事先整理演說內容，必須條理分明

獨自一人站在大眾面前演講時，內容必須有條理。如果像聊天一樣，會招來「輕

◆最有效的「即席演講」練習法

請按照以下順序實踐，你的演說將更精彩。

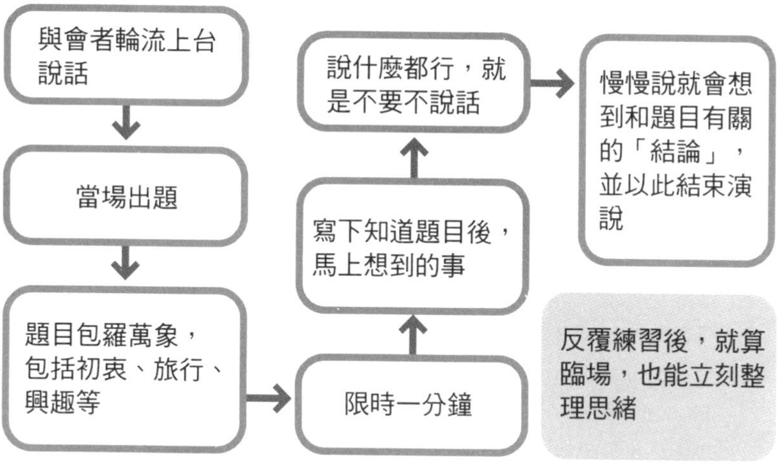

重不分」、「顧此失彼」的惡評。

❸弄清楚想表達的內容，想說的話要先說

絕不能將「我不擅長說話」等帶有藉口意味的話，當作開場白。

突然被點名上台時，不妨用「自我介紹」開場吧！

當自己受主管所託，答應前往參加一場聚會，不料司儀卻出其不意地請你發言。心裡正想著要推辭

◆六訣竅，有效提升演說能力

1. 事先準備好發言內容，再前往參加聚會。
2. 觀察現場狀況，側耳傾聽他人的談話。
3. 自我介紹時，請同步想像與「聚會」有關的話題。
4. 心裡想著「怎麼辦」也於事無補，請抱著「總會有辦法」的心態，做好準備。
5. 一旦站起來，務必就要「開口說話」，若沉默不語，思考也會停止。
6. 找朋友陪同自己練習「即席演講」。

時，司儀卻宣布「請大立電子公司的王先生為大家說句話。」結果，不站起來都不行。由於事出突然，沒有半點準備，該怎麼辦呢？不妨這樣做：

❶出席聚會前，一定要做好「可能會發言」的準備

就我的經驗，最好事前就要預想可能會被點名，並準備發言的內容。如果你認為「事先備妥講稿出席，現場卻沒有邀請自己發言，豈不吃虧」，這樣想就錯了。「事前準備」也是累積經驗的方法，總有一天能活用在其他機會上。

❷觀察四周，注意聽他人的談話

仔細觀察現場，傾聽他人的談話。從周遭的情況和他人的談話中，可以獲得啟發，進而聯想出「自己的演說內容」。

❸想不到要說什麼時，不妨以「自我介紹」撐場

還沒想到要說的內容就必須開講時，就用「自我介紹」開場吧！內容可包括：

- 姓名、公司名稱
- 負責的業務內容
- 聚會與自己的關係
- 最近發生的事

只要慢慢說著上述內容，一定能想到與聚會目的、性質相關的話題。

Keyword

不論是誰，只要肯練習，並累積臨場說話的經驗，演說能力一定會進步。

39 簡報要清楚易懂，充滿個人特色

說到簡報，大多數的人會在「構思」、「企劃」、「視覺呈現」等輔助條件上下功夫。不過，這些輔助條件再出眾、無可挑剔，「一個看不見簡報者表情的簡報，無法打動人心」。**簡報的目的是「打動對方的心」，讓他產生意願**。因此，簡報者的個性和魅力，是最重要的關鍵。

「我的聲音很小，所以每天早上會做發聲練習。雖然還不夠大聲，但我會竭盡所能地報告，請多多指教。」

有些人做簡報時會這樣開頭，不逞強、沉穩的語調，讓我感覺他的為人誠實，好感度自然提升。所謂「個性」，不是標新立異，只要誠實表現出自己獨特的風格，就能讓人感受到「這就是他，別人無法代替」。

◆學會發聲三步驟，聲音更好聽！

1 腹式呼吸＝使用腹部發聲

❶從腹部發出聲音
❷用鼻子緩緩吸氣
❸將積存在下腹部的氣，緩緩吐出

2 嘴形＝發音時，嘴巴是否有正確打開

❶「a」是嘴巴張大，約3根手指的寬度
❷「e」、「i」是嘴巴橫向張開
❸「o」、「u」是嘴巴縮小

3 舌頭的位置＝隨字母的發音而變化

❶注意舌頭的位置
❷做「a、o、u」、「a、e、i」的發聲練習，並檢查是否正確

◆簡報表現的三大原則

三原則	淺顯易懂	簡潔有力	印象深刻
重點	關係的明確化	核心的明確化	印象的明確化
表現的工夫	❶顯示內容全貌 ❷依項目整理 ❸舉出具體案例 ❹邊說邊確認台下反應 ❺使用淺顯易懂的語言	❶用「一句話」介紹主題 ❷省略廢話 ❸縮短句子 ❹使用成語、名言 ❺事先排練，讓內容更精簡	❶用語言描繪出圖像，便於聯想 ❷突顯高潮處 ❸「開頭」和「連結處」要花心思設計 ❹說話要帶有感情 ❺說話要有精神 ❻聲音要抑揚頓挫

簡報要簡潔有力，最忌沒重點又冗長

實際說話時，**需要具備將「只有我能講的內容」，說得「讓所有人都聽懂」的表現技巧**。在背後支撐這個表現技巧的就是下列的「簡報表現三原則」，包括：**❶淺顯易懂、❷簡潔有力、❸印象深刻**。

除此之外，過程也很重要。要將「簡報前、簡報結束後」，看作是一個連續的過程。

想做出說服各種人的簡報，必須這樣做：

●簡報前

先收集情報，了解對方的需求、問題點，掌握聽眾關心的事。

●簡報後

邊做後續追蹤，邊進行最後的收尾，以獲得「對方答應」為目標。一旦結束後就放心，很可能會功虧一簣，導致失敗。

Keyword

簡報就是把只有自己能說的話，用「任何人都能理解的語言」來表達。

40 回答時穿插笑點，最高明

我們並不需要像諧星，利用插科打諢引誘觀眾哈哈大笑。職場上需要的是抿嘴一笑，使氣氛整個放鬆的幽默感。

就算心情不好，也別以臭臉示人

看見笑口常開的人，感覺心情也跟著從容。心情緊繃時，聽到後輩的笑聲便發火，甚至大聲抗議。如此一來，不但難以自處，情緒也會變得更糟，導致自我封閉。

若在感覺鬱悶時加入眾人的對話，其他人也會受到感染，無法暢快聊天。這時，建議你不妨刻意表現出開朗的樣子，心便會漸漸感到從容。

◆適時帶入幽默感，讓沮喪的心情一掃而空

適時加入幽默感，幫助恢復活力。

◆如何在對話中，穿插笑點？

1. 若無其事地說出來。
2. 笑話要簡短，不需冗長。
3. 自己絕不能先笑。
4. 不能要求對方笑。
5. 不事先預告「我要講一件有趣的事」。

太認真時，容易缺乏想像力

「餘裕」表示心有餘力，能用另一種方式看待事情。另一方面，認真也代表「真摯的眼神」。仔細注視固然重要，但認真的另一面就是失去從其他面向觀看的機會。**認真雖然能得到尊重，不過太認真時，將無法產生歡笑。**

曾有個笑話是這樣說的，某醫院的護士竟然搖晃沉睡的病人，並說：「先生，該吃安眠藥了。」

「餘裕」也代表「保持距離觀看」的態度。

喜劇之王卓別林曾說：「喜劇是用長鏡頭觀看人生，悲劇是用特寫鏡頭看人生。」人一旦受制於一樣事物，便想像不到其他的可能性。這時候，最好的辦法就是借助「笑的力量」，改變觀看點。

Keyword

表現開朗能幫助營造幽默氣氛，帶來歡笑。

Easy 輕鬆學 輕鬆學系列023

讓上司挺你、朋友懂你，跟誰都能聊不停的「回話技術」：

談判、責罵、提案、請託，40個讓人欲罷不能、拍手叫好的「臨場說話術」

【図解】聞く力 話す力がたちまち身につく40の技術

原　　著　福田健
譯　　者　鍾嘉惠
總 編 輯　吳翠萍
主　　編　陳永芬
責任編輯　姜又寧
封面設計　張天薪
內文排版　菩薩蠻數位文化有限公司

出版發行　采實出版集團
總 經 理　鄭明禮
業務部長　張純鐘
企劃業務　簡怡芳・張世明
法律顧問　第一國際法律事務所　余淑杏律師
電子信箱　acme@acmebook.com.tw
采實官網　http://www.acmestore.com.tw/
采實文化粉絲團　http://www.facebook.com/acmebook

I S B N　978-986-5683-17-7
定　　價　260元
初版一刷　2014年10月23日
二版一刷　2014年11月10日
劃撥帳號　50148859
劃撥戶名　采實文化事業有限公司
100台北市中正區南昌路二段81號8樓
電話：02-2397-7908
傳真：02-2397-7997

國家圖書館出版品預行編目資料

讓上司挺你、朋友懂你，跟誰都能聊不停的「回話技術」：談判、責罵、提案、請託，40個讓人欲罷不能、拍手叫好的「臨場說話術」
福田健原作；鍾嘉惠譯.—初版.—臺北市：采實文化,
民103.10
面；　公分.--（輕鬆學系列；23）譯自：【図解】聞く力 話す力がたちまち身につく40の技術
ISBN　978-986-5683-17-7（平裝）

1.職場成功法 2.口才 3.職場成功法

192.32　　103015175

廣	告	回	信
台北郵局登記證			
台北廣字第03720號			
免	貼	郵	票

采實文化 ACME PUBLISHING 采實文化事業有限公司

100台北市中正區南昌路二段81號8樓

采實文化讀者服務部　收

讀者服務專線：(02) 2397-7908

說話方式研究所會長

福田健

鍾嘉惠 譯

讓上司挺你、朋友懂你，跟誰都能聊不停的

回話技術

Easy 輕鬆學 系列專用回函

系列：輕鬆學023

書名：讓上司挺你、朋友懂你，跟誰都能聊不停的「回話技術」

讀者資料（本資料只供出版社內部建檔及寄送必要書訊使用）：

1. 姓名：
2. 性別：□男　□女
3. 出生年月日：民國　　　年　　　月　　　日（年齡：　　　歲）
4. 教育程度：□大學以上　□大學　□專科　□高中（職）　□國中　□國小以下（含國小）
5. 聯絡地址：
6. 聯絡電話：
7. 電子郵件信箱：
8. 是否願意收到出版物相關資料：□願意　□不願意

購書資訊：

1. 您在哪裡購買本書？□金石堂（含金石堂網路書店）　□誠品　□何嘉仁　□博客來
   □墊腳石　□其他：＿＿＿＿＿＿＿＿＿＿（請寫書店名稱）
2. 購買本書的日期是？＿＿＿年＿＿＿月＿＿＿日
3. 您從哪裡得到這本書的相關訊息？□報紙廣告　□雜誌　□電視　□廣播　□親朋好友告知
   □逛書店看到　□別人送的　□網路上看到
4. 什麼原因讓你購買本書？□對主題感興趣　□被書名吸引才買的　□封面吸引人
   □內容好，想買回去試看看　□其他：＿＿＿＿＿＿＿＿＿＿＿＿＿＿＿（請寫原因）
5. 看過書以後，您覺得本書的內容：□很好　□普通　□差強人意　□應再加強　□不夠充實
6. 對這本書的整體包裝設計，您覺得：□都很好　□封面吸引人，但內頁編排有待加強
   □封面不夠吸引人，內頁編排很棒　□封面和內頁編排都有待加強　□封面和內頁編排都很差

寫下您對本書及出版社的建議：

1. 您最喜歡本書的特點：□實用簡單　□包裝設計　□內容充實
2. 您最喜歡本書中的哪一個章節？原因是？

＿＿＿＿＿＿＿＿＿＿＿＿＿＿＿＿＿＿＿＿＿＿＿＿＿＿＿＿＿＿

＿＿＿＿＿＿＿＿＿＿＿＿＿＿＿＿＿＿＿＿＿＿＿＿＿＿＿＿＿＿

3. 本書帶給您什麼不同的觀念和幫助？

＿＿＿＿＿＿＿＿＿＿＿＿＿＿＿＿＿＿＿＿＿＿＿＿＿＿＿＿＿＿

＿＿＿＿＿＿＿＿＿＿＿＿＿＿＿＿＿＿＿＿＿＿＿＿＿＿＿＿＿＿

4. 人際溝通、成功勵志、說話技巧、投資理財等，您希望我們出版哪一類型的商業書籍？

＿＿＿＿＿＿＿＿＿＿＿＿＿＿＿＿＿＿＿＿＿＿＿＿＿＿＿＿＿＿

＿＿＿＿＿＿＿＿＿＿＿＿＿＿＿＿＿＿＿＿＿＿＿＿＿＿＿＿＿＿

NEW ARRIVAL

采實文化　暢銷新書強力推薦

解開「人際關係」的心結，讓生命豁然開朗。

這樣解讀，90%的煩惱都會消失。

田中千尋◎著／郭欣怡◎譯

無論各種場合，讓人人都想聽你說

劉寶傑強力推薦！

石川光太郎◎著／周若珍◎譯

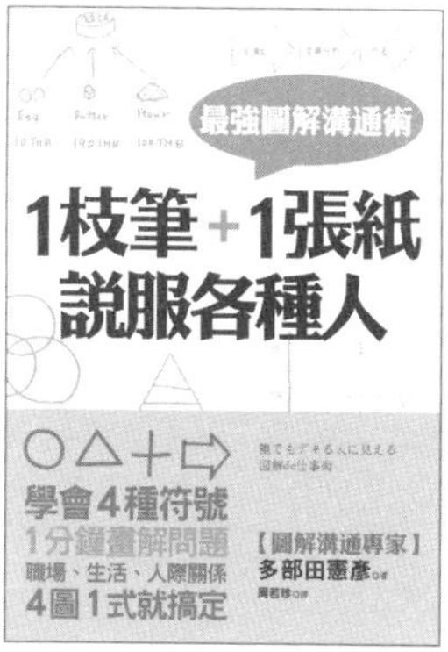

職場、生活、人際關係，4圖1式就搞定！

1分鐘畫解問題！

多部田憲彥◎著／周若珍◎譯

★溝通時要拿出誠意，絕不能自私！

★事先做好準備，即席演講也能博得滿堂彩。